L'ABBÉ AUBRÉE

CURÉ DE NOTRE-DAME DE VITRÉ

Notice Biographique. — Fête de la cinquantaine. — Funérailles. Oraison funèbre.

VITRÉ
J. GUAYS, IMPRIMEUR-LIBRAIRE
Rue Notre-Dame, 29
—
1882

L27n 5582

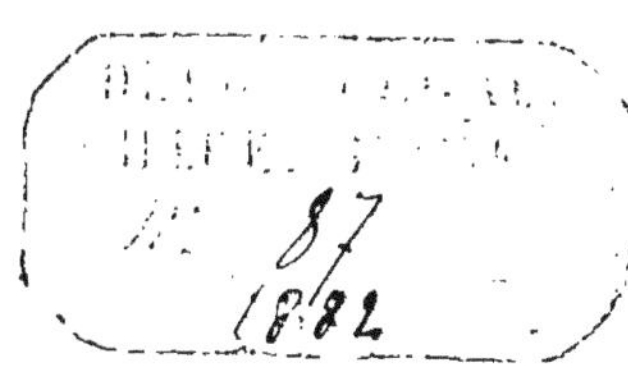

L'ABBÉ

AUBRÉE

CURÉ DE NOTRE-DAME

DE VITRÉ

BIBLIOTHÈQUE NATIONALE R.F. IMPRIMÉS

Notice Biographique. — Fête de la cinquantaine. — Funérailles. Oraison funèbre.

VITRÉ

J. GUAYS, IMPRIMEUR-LIBRAIRE

Rue Notre-Dame, 29.

—

1882.

L27n 33582

AVERTISSEMENT.

M. l'abbé Aubrée est un de ces hommes dont le souvenir, — impérissable dans la génération qui a eu le bonheur de les voir, de les connaître, de jouir de leurs œuvres, — mérite d'être transmis par elle et proposé en exemple aux générations à venir.

Aussi, de bien des côtés, nous a-t-on pressé de recueillir, sans plus attendre, certains documents qui, s'ils ne sont pas encore une biographie complète, fixent du moins dans ses principaux traits la figure et la mémoire de ce prêtre éminent, haut par le cœur, par l'intelligence, par la vertu.

C'est pour répondre à ce désir que nous publions ici, avec une notice biographique, la relation des funérailles de M. Aubrée, l'éloge funèbre consacré à sa mémoire, et un récit détaillé de la belle fête de sa cinquantaine, qui fut sur terre, on peut le dire, le couronnement, le triomphe de cette noble vie.

Triomphe — comme tout ce qui est de la terre — fragile et caduc, qu'il devait, bien peu après, échanger pour le triomphe éternel....

L'ABBÉ AUBRÉE

CURÉ DE N.-D. DE VITRÉ.

M. L'ABBÉ AUBRÉE

CURÉ DE N.-D. DE VITRÉ

Après les articles biographiques publiés dans diverses feuilles, surtout après l'oraison funèbre prononcée le 16 novembre dernier dans la chaire de Notre-Dame de Vitré, une notice biographique sur M. l'abbé Aubrée pourra sembler superflue. Elle contiendra forcément plus d'une redite. Mais si, comme l'a très bien dit l'auteur de l'oraison funèbre, — s'il est vrai que « quand « la mort a couché dans la tombe un père « tendrement chéri, ses enfants n'ont plus « qu'une consolation, celle de parler et « d'entendre parler de celui qui n'est plus, » on peut ajouter que les orphelins frappés de ce coup, et réunis pour pleurer autour du lit mortuaire ou du foyer attristé, ne sauraient se lasser des répétitions. Chacun retrace à sa manière les souvenirs et les vertus de la vie si chère qui vient de se clore ; tout en parlant des mêmes faits, chacun ajoute un détail, une remarque ou une circonstance nouvelle, et tous éprouvent un soulagement — mêlé d'amertume — à bercer leur douleur dans ces redites.

Voilà pourquoi, quand on nous a demandé cette notice, nous n'avons pu songer à refuser.

M. Aubrée (Gilles-Marie-Mathurin-Auguste), naquit à Rennes, rue du Four-du-Chapitre, le 4 juin 1805. Sa famille, riche d'honneur et de vertu, jouissait d'une modeste aisance, fruit d'un travail assidu, que e nombre croissant des enfants rendait ncore plus obligatoire : quand il prit place u foyer paternel, il était le septième garon.

Aussi n'eut-il d'abord d'autre maître que on frère aîné (M. Fortuné Aubrée), qui, u bout d'un an, le mit en état de concourir our être admis au petit séminaire, tenu alors par l'abbé Blanchard, et où il fut reçu au premier rang.

Là sa vocation sacerdotale se déclara. Il entra de bonne heure au grand séminaire et tel fut le succès de ses études qu'à peine âgé de vingt-trois ans, il fut, par exception, ordonné prêtre le 12 juin 1828, dans la chapelle particulière de l'évêché de Rennes et de la main de Mgr de Lesquen.

Moins d'un mois après, le 2 juillet 1828, il fut envoyé comme vicaire dans la ville de Saint-Aubin-du-Cormier. Il avait là pour curé un prêtre très-pieux et très-distingué, dont le souvenir vit encore dans le diocèse de Rennes, M. l'abbé Salmon. En 1834, la cure de Redon étant venue à vaquer, ce dernier fut choisi par l'évêque pour la remplir, mais il n'accepta ce nouveau poste qu'à la condition d'avoir pour auxiliaire l'abbé Aubrée, devenu son bras droit à Saint-Aubin, et dont il ne pouvait plus se passer.

Le 1er janvier 1835, M. Aubrée était installé vicaire à Saint-Sauveur de Redon. Il y resta plus de quatorze ans, jusqu'au 19 mars 1849. C'est là qu'il eut l'occasion de donner bientôt la mesure de son zèle.

Redon était alors et est encore aujourd'hui une ville de foi solide et vraiment brétonne. Fondée par saint Convoion, formée à l'ombre d'une abbaye qui l'enrichit de ses aumônes, de ses enseignements et la développa par ses bienfaits, Redon avait vu ses moines lui donner toujours, jusqu'au bout, jusqu'en 1790, les plus grands exemples de foi et de vertu, de science et de charité. Après le Concordat, l'ancien curé, M. l'abbé Louaisel, rétabli dans sa paroisse, trouva son troupeau resté fidèle en dépit de la persécution révolutionnaire, qui l'avait éprouvé sans l'entamer. M. l'abbé Hattais, successeur de M. Louaisel dans la cure de Redon, maintint ces bonnes traditions, que M. Salmon à son tour trouva encore vivantes.

A ce moment toutefois, là comme ailleurs, entre le bien et le mal il y avait un rude combat. On s'efforçait surtout de détacher les hommes des pratiques religieuses. C'est sur ce point menacé, et si important, que M. Aubrée porta son principal effort. A Redon existait une congrégation des hommes, fondée au siècle dernier, mais qui, parmi les autres préoccupations de l'époque, était devenue assez languissante. L'abbé Aubrée en fut nommé directeur et y donna tous ses soins. Grâce à lui elle redevint plus nombreuse, plus régulière que jamais et s'étendit, se ramifia de telle sorte dans tous les rangs — et surtout dans les rangs populaires — qu'on put dire avec raison du jeune et sympathique directeur « qu'il avait Redon dans sa main. »

A lui seul il confessait près de 1,500 hommes, tout un régiment, et dont les soldats lui étaient vivement, filialement dévoués. On a conservé le souvenir de quelques traits qui marquent son influence et qui nous semblent curieux.

En 1848, le 23 avril, jour de Pâques, avaient lieu les élections pour l'Assemblée constituante de la seconde république, — les premières élections du suffrage universel en France. L'abbé Aubrée, étranger à la politique de coterie et de parti, ne pouvait être indifférent aux destinées de la France : à 9 h. du matin, il allait remplir son devoir civique et déposer son vote. Traversant la place de Redon, il y voit une grande foule — cela n'avait rien de singulier ce jour-là; — mais il entend dans cette foule un gros tumulte, les cris et le tapage d'une rixe. Il s'arrête, s'informe. C'était une scène comme on en voit trop souvent dans les jours d'élections populaires. Deux citoyens s'étaient pris de bec sur les mérites respectifs de leurs candidats et les vertus de leurs partis ; des arguments ils étaient venus aux injures, des injures aux coups. Le pis est que les gendarmes, présents à la scène, n'osaient y mettre fin. — Les deux champions n'étaient pas les premiers venus, ils avaient l'un et l'autre leurs partisans, rangés autour d'eux, en face les uns des autres. La gendarmerie craignait, en intervenant, d'amener une mêlée générale. L'abbé Aubrée, traversant la foule qui s'ouvre devant lui, arrive jusqu'aux deux adversaires se met entre eux résolûment, les arrête, les chapitre, et ne les quitte qu'après les avoir amenés à se donner la main.

En ce temps d'excitation, on s'en souvient, des agents envoyés par les clubs de Paris parcouraient les provinces, sans excepter notre tranquille Bretagne, pour y semer l'agitation et le trouble. A Redon, comme en bien d'autres lieux, on redouta un instant l'effet de ces menées.

— Ne craignez rien, dit l'abbé Aubrée devant qui l'on exprimait cette inquiétude : si par impossible l'ordre était troublé, mes *congréganiers* (ainsi nommait-il familièrement les membres de la congrégation des hommes) mes congréganiers suffiraient à le rétablir.

Il y eût au besoin suffi tout seul. Un soir, à cette même époque, revenant de visiter un malade, il aperçut devant lui trois ouvriers assez mal famés qui semblaient sortir du cabaret et — peut-être sous l'influence de libations trop copieuses — proféraient d'odieuses menaces et des propos incendiaires.

— Drôles, que dites-vous là ? leur cria l'abbé Aubrée qu'ils n'avaient pas vu.

— Ah ! c'est vous, Monsieur l'abbé, bonsoir, comment allez-vous ? Ce que nous disons là ? histoire de rire !

— Il n'y a que des misérables à dire ou penser de pareilles choses ; je devrais vous dénoncer au parquet.

Là-dessus, leur administrant une verte semonce, il renvoie chez eux les trois agitateurs confus, calmés, et jurant qu'on ne les y reprendrait plus.

Mais d'où lui venait cette influence? c'est ce qu'il faut dire.

Il y a ici-bas deux natures d'âmes, deux sortes d'hommes : les ardents et les froids. Ceux-ci dans le combat de la vie ont de de grands avantages ; grâce à leur flegme ils voient mieux la réalité des choses, ils gardent leur présence d'esprit là où les autres la perdent et par là ils les dominent, ils sentent moins les blessures de la lutte et peuvent lutter plus longtemps. Mais les âmes ardentes, si ce sont en même temps des âmes élevées, ont le privilège exclusif, inappréciable, de communiquer puissamment leurs émotions au dehors, d'entraîner dans leur sillage les cœurs qui les entourent, de créer dans le milieu où elles agissent, et vers le but où elles tendent, un courant sympathique et d'une énérgie irrésistible.

L'abbé Aubrée était de ces âmes ardentes, élevées, intelligentes Dans la lutte soutenue par lui pour le bien, il entraîna à sa suite tout Redon. L'un des plus efficaces moyens de cette lutte, c'était la charité, l'aumône. Il donna à tous, partout, sans compter, il fut inépuisablement charitable. Mais, à lui pauvre jeune vicaire, d'où venaient tant de ressources ? C'est qu'il obtenait des riches pour les pauvres tout ce qu'il voulait, c'est qu'il était porté maintenant et soutenu lui-même par ce courant qu'il avait créé. Et quand il n'avait plus rien, il donnait encore. Plus d'une fois, voyant de pauvres malades couverts de haillons, navré de leur misère, il recourait à sa bourse et n'y trouvant plus un sou, alors il se dépouillait et rentrait au presbytère sans chemise.

Qui aurait pu s'en douter et qui s'en doutait, quand les convenances de sa situation ou les obligations de son ministère l'amenaient à se montrer dans le monde ? Là, par respect pour son état et sa robe, il croyait devoir paraître dans une tenue parfaitement correcte et même si irréprochable que ses amis parfois l'en plaisantaient et l'appelaient l'abbé propret ou l'abbé musqué. Ils ne savaient pas que l'abbé musqué était bien souvent l'abbé sans le sou et même l'abbé sans chemise. Mais les pauvres le savaient, c'est eux qui l'ont dit.

Ce zèle, cet amour de la règle, de la correction et de la propreté, il le portait partout. En ce temps-là l'église de Redon, cette belle église abbatiale qui a vu passer sous ses voûtes depuis mille ans toutes les gloires, toutes les grandes figures de notre histoire de Bretagne, se trouvait remise aux soins d'un vieux sacriste un peu endormi par l'âge, plein de respect pour l'industrie des araignées. Cette incurie indignait l'abbé Aubrée. De temps à autre, il fermait les portes de l'église, passait sur sa soutane un sarreau, s'armait d'un balai, d'un plumeau, d'une araignoire, et se livrait pendant deux heures à un nettoyage effréné, universel. Le lendemain le vieux sacriste, choqué de cette propreté insolite et se frottant les yeux, pensait volontiers que saint Convoion était pendant la nuit sorti de sa niche pour faire le ménage dans son sanctuaire.

Un champ d'activité d'une autre genre, mais non d'une moindre importance, s'ouvrit devant l'abbé Aubrée, lors de la fondation du collége de Redon. « Fondation » n'est pas tout à fait le mot propre, car depuis 1803, le vieux cloître de l'abbaye n'avait cessé d'abriter un petit collége, tenu par des prêtres du diocèse de Vannes. Mais en 1839 ce premier collége, combattu de divers côtés, ne faisait plus que végéter et allait disparaître, quand M. l'abbé Louis, supérieur de l'institut des Eudistes l'acheta du dernier directeur, l'abbé Vannier, pour y installer un grand établissement d'instruction secondaire.

Les difficultés de cette entreprise étaient innombrables, presque insurmontables ; il fallait pour les combattre le courage froid, l'invincible obstination dans le bien, la remarquable intelligence du prêtre éminent chargé de cette fondation dès l'origine, M. l'abbé Gaudaire, — qui plus tard devint lui même supérieur des Eudistes. Or dans cette tâche si ardue, M. Gaudaire n'eut point à Redon d'auxiliaire plus constant, plus infatigable et plus utile que M. le vicaire Aubrée. Quand le supérieur se trouvait à bout de ressources, il avait recours au vicaire, et celui-ci agissait de sorte qu'il put être plus d'une fois considéré comme le banquier de l'établissement, car (suivant des renseignements très-autorisés) en différentes circonstances critiques, il lui procura plus de 150 mille francs, soit en prêt gratuit, soit en pur don...

Nous n'insisterons pas. On comprend que quand une ville a le bonheur de posséder un tel prêtre, elle cherche tous les moyens de le garder. Redon y réussit pendant quinze ans. Mais enfin Mgr Saint-Marc, qui le destinait à une cure urbaine, voulut le rapprocher de Rennes et lui confia, le 19 mars 1849, la grande et populeuse paroisse de Pacé.

A ce moment, l'abbé *propret* était (on le savait et on le disait à Redon en ces termes) l'abbé *grêlé*. Il avait encore une fois tout donné à ses pauvres, il ne lui restait plus rien pour s'installer dans son nouveau poste.

Pourtant, quand il alla à Pacé, il trouva au presbytère un mobilier complet et qui lui appartenait. Redon, avec une délicatesse parfaite, y avait pourvu.

Pacé entrevit à peine l'abbé Aubrée. Au commencement de 1850, M. Guillois, curé de Notre-Dame de Vitré étant mort, M. Aubrée fut nommé le 27 avril pour le remplacer, et installé le 12 mai de la même année par Mgr Saint-Marc, évêque de Rennes, qui voulut venir présider lui-même la cérémonie, et prodigua au nouveau curé, du haut de la chaire, les marques éclatantes de son affectueuse confiance.

Le premier acte de l'administration pastorale de M. l'abbé Aubrée fut consacré à la plus humble et la plus nécessiteuse partie de son troupeau.

Dans la paroisse Notre-Dame est compris le plus pauvre quartier de Vitré, le populeux faubourg du Rachapt, qui du fond de la vallée de la Vilaine grimpe péniblement, pendant près d'un kilomètre, le long de la côte abrupte bornant au nord cette vallée. Du côté du sud, une pente non moins rude sépare ce faubourg de l'église de Notre-Dame; aujourd'hui qu'on l'a nivelée, c'est une rampe fort roide; il y a trente ans, c'était un casse-cou.

A raison de la distance et des difficultés du trajet, une coutume s'était introduite depuis longues années. Quand mourait un ouvrier du Rachapt, le clergé n'allait pas chercher son corps à la maison mortuaire; sa famille ou ses amis l'apportaient jusqu'à la croix appelée Croix *du Val*, située à peu de distance de Notre-Dame, justement au haut de la rampe en casse-cou qu'on vient de rappeler, et c'était là que le clergé venait le prendre pour le porter à l'église.

M. Aubrée jugea avec raison cette coutume très-peu conforme au respect dû à la mort et au dogme de l'égalité chrétienne. Dès le jour de son installation il l'abolit, et depuis lors le clergé alla prendre, riches ou pauvres, à domicile, sans aucune distinction, tous les défunts du Rachapt. Quelques années après, il compléta cette mesure en assurant à tous les morts présentés à l'église une messe funèbre et la conduite au cimetière avec la croix et le clergé.

Les premières pensées de son pastorat étant vouées, on vient de le voir, aux déshérités, il en était un à deux pas de lui, qui ne pouvait manquer d'éveiller toute sa sollicitude. C'était l'antique et vénérable temple élevé depuis des siècles par la piété vitréenne en l'honneur de la Vierge, le centre et le cœur de la cité, l'église Notre-Dame.

Ceux qui n'ont pas connu Notre-Dame avant 1850, ne peuvent guère se figurer aujourd'hui ce qu'elle était alors. Essayons de leur en donner une idée.

Point de flèche sur l'église, mais la tour centrale déshonorée par un petit toit carré fort bas et fort laid. — Point de méneaux aux grandes fenêtres des transepts, ni à celle de l'ouest ; celle de l'est, dans la chapelle terminale (aujourd'hui dédiée au Saint-Sacrement) entièrement bouchée, cette chapelle à peine éclairée par de petites ouvertures irrégulières et de toutes les formes; les méneaux des autres fenêtres à demi-ruinés partout. Un seul vitrail peint, ancien (de 1537), au-dessus de la porte du milieu, à peu près entier, sinon intact, mais en état déplorable appelant une restauration urgente.

Au dehors, la porte du haut (porte de l'est) obstruée par une baraque qui laissait à peine un petit passage pour y accéder; et de plus, tout autour de l'édifice, à l'ouest et au sud, un petit pourpris relevé en terre-plein, bordé de murettes d'un à deux mètres de haut, empâtant la base du monument, lui ôtant son élévation, sa légèreté, faussant et rapetissant toutes ses lignes.

A l'intérieur, pas de voûte sous la tour, qui s'ouvrait sur la tête des fidèles comme un grand trou noir. En revanche, l'arcade occidentale du carré central entièrement bouchée par un gros mur, contre lequel, du côté de l'ouest, s'adossait le maître-autel, surmonté d'un rétable assez grâcieux, surmonté d'un grand tableau, surmonté lui-même de grandes statues, en sorte que cela n'en finissait plus et que cette malheureuse muraille coupait à la lettre l'église en deux.

L'état de choses antérieur à la Révolution avait amené cette disposition fâcheuse. Dans l'église Notre-Dame cohabitaient les prêtres de la paroisse et les moines bénédictins du prieuré. Pour que cette cohabitation n'engendrât pas de trop difficultés, il avait fallu la transformer en demi-séparation. La grande chapelle terminale, à l'Est, avait été affectée exclusivement au service des religieux, qui y célébraient à part leur office, pendant que le reste de l'église était consacré au culte paroissial. Les religieux avaient fermé leur chapelle (qu'on appelait alors le *Chœur aux Moines)* par une cloison de bois placée sous l'arcade Est du carré central, avec une porte qui restait ouverte le jour. De leur côté les paroissiens, pour bien délimiter leur terrain, avaient clos l'arcade Ouest du même carré (en 1626) par ce mur contre lequel il avaient plaqué leur maître-autel : mur qui en coupant, comme on l'a dit, le vaisseau intérieur en deux parties, lui ôtait pour l'œil au moins la moitié de sa longueur. C'était affreux.

Et les voûtes? Elles étaient tristes, sales, par endroits menaçant ruine; leurs douvelles disjointes laissaient librement passer la bise, qui en hiver allait jusque dans la nef caresser les fidèles.

Le mobilier ecclésiastique ne valait guère mieux. Plus d'orgues. La chaire à prêcher et les autels étaient de mauvaises menuiseries du dernier siècle, qu'on faisait *peinturer* de temps en temps sous prétexte de les rafraîchir. La fabrique n'avait qu'un ornement de fête suffisamment propre, et en fait de vases sacrés, le strict nécessaire.

En un mot, les paroissiens de Notre-Dame, depuis la Révolution, on pourrait presque dire, depuis les guerres de la Ligue, avaient fait l'indispensable pour empêcher de tomber le beau monument, si religieux, si artistique, construit par leurs pères au XVe siècle. Mais ils s'en étaient tenus là. Et même ils l'avaient laissé envahir par mille additions, superfétations et brimborions de mauvais goût et d'un effet déplorable — sans parler des détériorations,

BIBLIOTHÈQUE NATIONALE R.F. IMPRIMÉS

puisque l'orgue et les vitraux, depuis la Révolution, étaient détruits.

Dans l'intérêt de l'art et de l'histoire locale dont ce monument est une des plus nobles pages, pour la dignité du culte et l'honneur de la cité, une restauration était nécessaire, urgente. M. l'abbé Aubrée le comprit, il y travailla dès le premier jour et — avec une persévérance infatigable — ne cessa d'y travailler jusqu'au dernier : aussi a-t-il la gloire, à lui seul, de l'avoir, à très-peu de chose près, menée à fin.

Le plus pressé était de rendre au vaisseau intérieur son aspect primitif et ses belles proportions, en jetant bas la cloison malencontreuse qui bouchait l'extrémité Est de la nef. Mais on ne pouvait guère songer à reporter le sanctuaire tout à fait à l'Est, dans la chapelle terminale, qui au point de vue architectonique est pourtant le vrai chœur de l'église, parce que la disposition des bas-côtés et surtout l'énorme masse de gros piliers du carré central (chargés de orter la tour) eussent dérobé à la plupart des fidèles la vue de l'autel. Voici le plan qui fut suivi.

On commença par construire une voûte

dans la tour, au dessus du carré central ; on abattit le mur et l'autel qui obstruaient l'arcade occidentale de ce carré ; sous cette arcade même on établit un autel gothique, sans rétable, laissant pénétrer la vue jusqu'au fond de l'ancien *Chœur aux Moines*, c'est-à-dire jusqu'à l'extrémité Est de l'église. Mais pour que l'œil en pût sentir et mesurer les dimensions, il fallait que de cette extrémité même la lumière vînt vers lui. C'est pourquoi on fit rouvrir la grande fenètre du chevet, on lui rendit ses méneaux, son tympan à moulures flamboyantes, on lui donna ce qu'elle n'avait peut-être jamais eu, ce qu'elle avait en tous les cas perdu depuis longtemps, une grande verrière peinte — la maîtresse-vitre de l'église — représentant, dans le bon style du XVe siècle, l'Assomption de la Sainte Vierge. Deux fenêtres du même style et de la même époque, de dimensions convenables, percées dans les murailles latérales du Chœur aux Moines, remplacêrent les petits jours irréguliers, dont le moindre inconvénient était de n'en pas donner. — Le sanctuaire, qui occupait auparavant les deux dernières travées de la nef, en céda une aux fidèles et fut rejeté pour moitié en arrière de l'autel, sous le carré central, en sorte que le vaisseau ainsi dégagé, pénétré par la lumière orientale qui avant cela lui faisait défaut, reprit désormais pour l'œil l'harmonie de ses heureuses proportions et sa physionomie primitive.

A l'extérieur, la restauration la plus nécessaire, la plus urgente, c'était de rendre à l'église sa couronne, c'est-à-dire la belle et haute flèche de pierre qui, au XVe siècle, pyramidait sur sa tour centrale ; qui, renversée par la foudre en 1704, s'était vue tellement quellement remplacée par une flèche à lanterne en ardoise et en charpente, construction fort élancée mais fort peu solide, qu'il avait fallu abattre — pour éviter une chûte et une catastrophe — quatre-vingts ans après, et qui elle, nous l'avons dit, n'avait été remplacée par rien : car ce n'était rien, cet affreux petit toit d'ardoise, sorte de parapluie rapiécé, planté à la diable au-dessus de la tour pour empêcher les cloches de mouiller.

Sitôt que le chœur de l'église eût été nettoyé, restauré comme nous l'avons dit, M. l'abbé Aubrée s'occupa de la flèche. A tous points de vue, c'était une grosse affaire. Les dimensions puissantes de la tour centrale, dont la plate-forme s'élève à près de 100 pieds au-dessus du pavé de l'église, exigeaient nécessairement dans la flèche une puissance et une hauteur proportionnées. — Commencée en 1858, cette œuvre considérable — dont le plan fut tracé, l'exécution dirigée fort habilement par un homme (M. Raffray) dont le nom mérite d'être associé ici à celui de M. Aubrée (1)— cette flèche fut achevée en moins d'un an. C'est une pyramide octogone, en belle pierre de Crazanne, de cent pieds de hauteur à partir de la plate-forme de la tour; au-dessus, une croix en fer de neuf à dix pieds. Du sommet de cette croix au pavé de l'église, l'élévation totale est de cent quatre-vingt-huit pieds (62^{m} 70^{c}). Huit clochetons à pinacles, disposés deux par deux aux angles de la plate-forme carrée, flanquent cette flèche hardie, puissante sans lourdeur, d'un grand effet, et dont le style est en parfaite harmonie avec le reste de l'église.

(1) D'autant plus que pendant tout son séjour à Vitré, c'est-à-dire pendant une dizaine d'années (1850 à 1860), M. Raffray ne cessa d'être l'architecte et le directeur bénévole des travaux exécutés à N.-D. de Vitré.

Du sommet, M. l'abbé Aubrée passa à la base, c'est-à-dire qu'il rasa et détruisit sans pitié ce mauvais petit terre-plein qui emprisonnait l'église et engageait vilainement sa base en diminuant sa hauteur. Les assises inférieures, une fois dégagées, furent reprises et rétablies en beau granit, et l'aspect du monument renouvelé, on peut le dire, de la tête aux pieds et rendu à ses proportions et à ses lignes primitives, se trouva changé du tout au tout.

Après la triple restauration que nous venons de rappeler, l'édifice, considéré dans son ensemble, avait recouvré la vraie, noble et harmonieuse physionomie qu'il tenait à l'origine de ses premiers auteurs. Mais que de travaux encore pour faire régner cette harmonie, cette élégance qui est le but de l'art, dans chacun de ses membres ! M. Aubrée ne s'y épargna pas.

Toutes les voûtes en lambris furent renouvelées, peintes avec goût et ornées (dans la chapelle du chevet) d'arcatures trilobées.

Les grandes fenêtres des deux transepts et de la façade ouest qui n'avaient point de méneaux ni de tympans en furent garnies ;

et toutes les autres fenêtres virent les leurs réparées en perfection.

Les deux fenêtres des transepts et une des bas-côtés (2) reçurent des verrières peintes de grande dimension, toutes de bon style, l'une surtout (l'arbre de Jessé, transept sud, d'une très belle exécution. L'admirable verrière ancienne de 1537 (porte du milieu) fut réparée avec un grand bonheur.

S'il fallait énumérer tous les détails de la restauration à laquelle M. Aubrée ne cessa de consacrer ses soins et par laquelle il releva, renouvela véritablement l'honneur et la face de son église, tout en lui conservant, ou plutôt en lui rendant avec une scrupuleuse sollicitude sa physionomie première, — s'il fallait entrer dans tout ce détail, nous n'en finirions pas. Bornons-nous donc, forcément, aux traits principaux.

Le bel orgue donné à Notre-Dame en 1636 par René Nouail de Briettes avait été pendant la Révolution (en 1793 ou 1794) détruit et démoli pièce à pièce, sans aucun motif, uniquement pour le plaisir de détruire, par les volontaires du bataillon de

(2) Dans la chapelle actuelle du Rosaire, autrefois chapelle de l'Annonciation.

la Montagne en garnison à Vitré. Depuis lors, la tribune destinée à cet instrument était restée vide. En 1852, M. l'abbé Aubrée la remplit enfin, en y installant un nouvel orgue, d'un excellent facteur M. Ducroquet, et qui l'année précédente avait été médaillé à l'exposition universelle de Londres.

Quelques années après (en 1855), la nef de Notre-Dame s'enrichissait d'une magnifique chaire en bois sculpté, dont la cuve reproduit l'admirable tribune de Strasbourg, élevée en 1486. Seulement ici le bois remplace la pierre, et la manière dont il est fouillé, le beau style, le travail précieux du dais pyramidal qui couronne la tribune, font de cette chaire une œuvre originale, et même l'une des meilleures de l'excellent artiste qui en est l'auteur, M. Hérault, de Rennes.

Les autels eurent leur tour. L'église de Notre-Dame en compte quatorze. Sur ce nombre, M. l'abbé Aubrée en a renouvelé sept dans le style de l'église; il avait préparé le plan d'un huitième qui devait être consacré au Sacré-Cœur, quand la mort l'a frappé; mais les paroissiens, nous en avons l'assurance, sauront remplir les intentions de leur pasteur. Ainsi, de ce côté encore l'œuvre de restauration est bien avancée.

Les sept autels rétablis en style gothique par les soins de M. l'abbé Aubrée sont le maître-autel, l'autel du Chœur aux Moines (aujourd'hui chapelle du Saint-Sacrement), — celui de la chapelle qui touche à la sacristie, autrefois dite chapelle des Cholets, — ceux des chapelles de Notre-Dame de Pitié, de saint Jean-Baptiste et du Rosaire, dans le collatéral nord, — et celui de la chapelle de sainte Anne, la dernière du collatéral sud dans la direction de l'est.

Tous ces autels sont en pierre, avec ornements et personnages sculptés d'un relief plus ou moins fort. Le maître-autel, en marbre, a sa face antérieure partagée en trois panneaux, séparés par des statuettes d'anges portées en saillie sur des consoles de feuillage. Chacun des panneaux, encadré d'une légère bordure de feuilles de lierre, porte un bas-relief délicatement sculpté, représentant une des gloires de la Sainte Vierge, à droite l'Annonciation, à gauche l'Assomption, au centre le Couronnement.

Tout ce travail, très fin et très soigné, est aussi de M. Hérault.

L'autel de la chapelle de sainte Anne est l'ancien autel du XVe siècle, retrouvé sous la menuiserie moderne dont on l'avait affublé, restauré et surmonté de trois statues dans le même style. — Celui de la chapelle de saint Jean-Baptiste est orné de sculptures anciennes, provenant d'un tombeau du XVe siècle dont les débris furent découverts en 1859, dans la démolition de la collégiale de la Magdeleine (1).

Quant aux ornements et aux vases sacrés dont M. Aubrée a enrichi le trésor de Notre-Dame, impossible encore d'entrer dans une énumération complète. Signalons du moins trois magnifiques chapelles complètes (chasuble, dalmatiques et chappes), l'une en drap d'or avec ornements d'or brodés en relief; l'autre en soie blanche souple damassée, avec guirlandes et feuillages d'or brochés dans l'étoffe; la troisième en drap

(1) Ce sont des statuettes d'apôtres en demi-relief, sous des arcatures gothiques; elles forment le devant de la table d'autel. Le tombeau d'où elles proviennent était celui de Marguerite de Bretagne, fiancée à Guy XIV de Laval et morte au château de Vitré en 1420. D'autres débris intéressants du même tombeau sont conservés au musée de Vitré.

d'or sans fond, entièrement couvert de rosaces à dessins variés, brodées ou plutôt tissées dans la trame même, et d'un travail admirable, reproduisant fidèlement les plus beaux tissus du moyen âge.

Comment oublier aussi ce dais splendide en moire blanche, tout relevé de broderies d'or en haut relief représentant l'arche d'alliance, l'agneau pascal, les versets de l'hymne du Saint-Sacrement, etc., et qui fut inauguré le 13 mai 1877, lors de la réception du cardinal Saint-Marc dans la ville de Vitré?

Notons enfin plusieurs pièces d'orfèvrerie, une surtout de toute beauté, qui est un ostensoir en vermeil reproduisant, dans des proportions un peu plus grandes, l'ostensoir donné par Charles-Quint à la cathédrale d'Aix-la-Chapelle, vrai chef-d'œuvre où l'art du XVIe siècle a prodigué toute sa grâce, sa légèreté, sa souveraine et capricieuse élégance. Après cet ostensoir splendide, il faut signaler encore une *monstrance*, aussi en vermeil, pour exposer la Vraie Croix, un ciboire d'argent doré et émaillé style XVe siècle, de belles burettes en vermeil style Louis XIV, assorties à un ancien calice de cette époque que possédait la paroisse, etc.

Le dernier travail de M. Aubrée pour son église a été l'établissement d'un somptueux dallage de granit autour de l'édifice, appliqué précisément sur l'espace jadis occupé par le pourpris en terre-plein rasé depuis longtemps. Ces grandes dalles au grain serré, d'un gris bleu, enserrent le monument comme un cadre superbe et inflexible, qui en fait ressortir énergiquement toutes les lignes, tous les contours.

Dans tous les travaux accomplis à Notre-Dame par M. Aubrée, deux principes l'ont constamment dirigé : 1° ne rien détruire d'ancien ayant quelque valeur, quelque intérêt soit pour l'art, soit pour l'histoire; 2° suivre exactement, scrupuleusement, dans toute réparation ou restauration, le style primitif du monument. Pour être sûr de ne point errer à cet égard, il choisit dès le principe un guide compétent et n'hésita point à le consulter, à le suivre en tout et toujours. Ce guide, dont tout le diocèse de Rennes connaît la science si autorisée, le goût si pur et la complaisance inépuisable, il n'est que juste assurément de le nommer ici : c'est M. l'abbé Brune.

En agissant de la sorte, M. Aubrée donna un exemple qu'on ne saurait trop recommander à toutes les personnes chargées du soin de nos monuments religieux. Si cet exemple était suivi, bien des destructions ineptes, irréparables, nous seraient épargnées et aussi bien des bâtisses affreuses, où l'on jette des sommes considérables pour faire des chefs-d'œuvres... de mauvais goût.

Il nous reste peu de chose à dire pour terminer cette notice. Il suffirait presque de renvoyer le lecteur à l'oraison funèbre prononcée à Vitré, le 16 novembre, par M. l'abbé Evin, curé de Châteaugiron, qui avait été à Redon l'élève et le disciple de M. l'abbé Aubrée. Cette voix filiale, émue, autorisée, éloquente, avait le droit, comme le devoir, de rendre hommage aux vertus sacerdotales du pieux et vénérable curé de Notre-Dame : nous n'aurions que le droit de répéter cet hommage, soin parfaitement superflu, puisqu'il est encore dans toutes les mémoires, dans tous les cœurs (1).

(1) Nous reproduisons le discours de M. l'abbé Evin à la suite de cette notice.

Que dire aussi, à Vitré, de la charité de l'abbé Aubrée, qui ne soit connu de tout le monde? Tout le monde sait qu'elle était immense, sans fin, sans fond, véritablement inépuisable. Quel que fût le nombre des pauvres et quelles que fussent leurs misères, la fréquence ou l'importunité de leurs demandes, jamais, jamais l'un d'entre eux, s'adressant au curé de Notre-Dame, n'éprouva un refus et ne revint les mains vides. Aussi les avons-nous vus, après la mort de leur bienfaiteur, se cotiser sou à sou pour couvrir de couronnes son cercueil; et en face de celle qui venait du quartier du Rachapt, ils disaient: « Sur cette couronne on « aurait dû mettre: *Les pauvres du Rachat « à leur père nourricier* ! *(1)* » Ils se trompaient, car pour être exacte, l'inscription eut dû porter: *Les pauvres de la* PAROISSE NOTRE-DAME *à leur père nourricier*. Et même cette formule aurait encore été trop étroite pour répondre exactement à la réalité.

Jusqu'au dernier jour il s'est occupé des pauvres; la dernière lettre qu'il a écrite concerne une œuvre de charité. Il s'agis-

(1) Voyez la *Semaine Religieuse de Rennes*, 12 novembre 1881.

sait de secours et d'aumônes promises par lui aux élèves indigentes des Ursulines de Vitré. La maladie lui ayant fait perdre de vue cette promesse, il écrivit, le 21 octobre 1881, les lignes suivantes à la directrice de l'externat :

« Madame et révérée Mère,

« Rien ne me semble agaçant comme de « ne pas faire de bonne grâce ce que l'on « doit faire avec le plus d'amour. — D'or- « dinaire, les souffrances rapprochent de « Dieu : en serait-il autrement pour votre « serviteur ?... C'est pourtant la maladie qui « m'a fait oublier votre demande.

« Aussi, mettant de côté toute considéra- « tion humaine, laissez-moi demander par- « don de cet oubli à votre digne supérieure, « — à vous, Madame, et à toutes les saintes « compagnes de votre enseignement,— mê- « me à vos petites pauvres, qui auraient pu « douter un instant de tout mon bonheur à « leur être utile ou agréable. »

Outre l'aumône matérielle, le pasteur a le devoir de distribuer à ses ouailles l'aumône spirituelle de la parole divine. Pour celle-là aussi M. l'abbé Aubrée était inépuisable ; l'auteur de l'oraison funèbre a parfaitement peint son zèle dans cette grande fonction de son ministère ; nous n'y reviendrons point. Nous ajouterons seulement qu'à la juger au point de vue humain et, si l'on veut, littéraire, la parole du curé de Notre-Dame avait toutes les qualités qui persuadent et qui entraînent, toujours claire, vive, éloquente, pressante, véritablement apostolique. Aussi, combien d'esprits ont été éclairés et ramenés au vrai par ses lumières, combien d'âmes fortifiées et sauvées par ses conseils !

Ses devoirs de pasteur étaient trop nombreux, et il s'y appliquait avec trop de zèle pour avoir beaucoup de temps à donner aux relations du monde. Il s'y prêtait toutefois volontiers, de façon à satisfaire toutes les convenances. Il n'y portait point un front sévère, mais une gravité aimable et indulgente. Il causait et il contait volontiers, et, selon le tour de la conversation, tantôt il entraînait ses auditeurs vers les larges horizons où se plaisent les intelligences élevées, tantôt il les amusait par ses mots plaisants, ses récits curieux, ses boutades originales. Il avait une rare qualité : jamais il n'était banal. Dans l'intimité, parfois, on pouvait s'apercevoir que, s'il ne s'était pas retenu, il eût volontiers et puissamment manié l'ironie... Mais il se retenait.

Toutes ses qualités d'esprit, sa haute intelligence et sa haute vertu le désignaient pour l'épiscopat ; aussi son oraison funèbre nous apprend que trois fois cette haute dignité lui a été offerte. Son humilité, son attachement à la Bretagne (car il était profondément Breton), son amour pour son troupeau, lui dictèrent en cette triple occasion un triple refus.

Il se voua donc tout entier, sans retour, à sa chère paroisse et à la cité où il exerçait son ministère.

Cette paroisse et cette cité — qu'il a tant aimées, — n'ont pas été ingrates.

Déjà, le 13 mai 1877, quand S. E. Mgr Saint-Marc, lors de sa réception à Vitré comme cardinal lui disait : « La confiance « pleine et entière que dès votre installation « j'avais mise en vous, vous l'avez non pas « seulement justifiée, mais de beaucoup dé- « passée » — toute la ville applaudissait ce jugement du cardinal.

Un an plus tard, le curé de Notre-Dame

célébrait sa cinquantaine sacerdotale (9 juin 1878). Ce fut pour Vitré une fête splendide, unanime, non pas seulement la fête de la paroisse Notre-Dame, mais celle de toute la ville. Nous en donnerons le récit détaillé à la suite de cette notice.

Déjà hélas! M. l'abbé Aubrée portait le germe du mal qui devait nous l'enlever, mais il ne s'y arrêtait pas, il refusait de s'en préoccuper, il ne voulait rien changer à sa vie austère ni à l'incessante activité de son zèle pastoral. Il était de ceux qui ne s'écoutent point, qui marchent tant qu'ils ont de la vie au cœur, qui veulent que la mort les trouve debout, les abatte d'un coup et les couche sur le sillon commencé.

Elle lui a fait cette faveur.

Le 15 août dernier (1881), M. Aubrée présidait encore la procession de l'Assomption ; au retour il montait en chaire, il annonçait à ses paroissiens son projet de dédier au Sacré-Cœur une des chapelles de son église, et il sollicitait leur concours.

Le jeudi 27 octobre, le dimanche 30 octobre, il leur adressait encore ses exhortations au sujet du Jubilé.

Le 2 novembre, à 5 heures 1/2 du matin,

au moment où il venait de se lever pour se faire porter au chœur et entendre la messe, il était enlevé en un instant.

Il est mort sur la brèche...

Comme sa cinquantaine avait été une fête générale, sa mort a été pour tout Vitré un deuil public, pour tout le diocèse une perte cruelle, vivement ressentie et bien difficilement réparable.

ARTHUR DE LA BORDERIE.

Pour compléter la Notice qui précède, il nous a semblé indispensable de reproduire le récit des funérailles et celui du service de M. l'abbé Aubrée, publié, le 12 et le 19 novembre 1881 dans le *Journal de Vitré*, avec l'*allocution* de M. Moricel, grand-vicaire, le jour des funérailles, et l'*oraison funèbre* prononcée le jour du service par M. Evin, curé de Châteaugiron.

FUNÉRAILLES

DE

M. LE CURÉ DE NOTRE-DAME

DE VITRÉ

Samedi 5 novembre 1881, ont eu lieu à Vitré, les funérailles de M. l'abbé Aubrée, curé de Notre-Dame.

Cette solennité a été une grande manifestation, une manifestation unanime de notre ville et de notre pays, un suprême et éclatant hommage rendu par la population tout entière à l'homme éminent, apostolique, qui pendant plus de trente ans n'a cessé de dépenser ses forces, son zèle, les ressources de sa charité inépuisable, et de se dépenser lui-même jusqu'au dernier souffle pour procurer, sous toutes formes, le bien de la paroisse et de la cité.

Avant de parler de la cérémonie nous devons donner quelques détails sur les jours qui l'ont précédée.

Depuis longtemps la maladie de cœur dont souffrait M. l'abbé Aubrée inspirait à tous ceux qui le connaissaient des alarmes incessantes. Toutefois, dans les derniers jours d'octobre, les souffrances étaient moins vives, et l'on pouvait espérer encore quelque répit.

Le jour de la Toussaints, M. le curé de Notre-Dame s'était fait porter à l'église pour assister à la messe de 7 heures, où il avait communié. Le lendemain, jour des Morts, comptant faire de même, il avait donné l'ordre de l'éveiller à 5 heures du matin. Vers 5 heures 1/2, pendant qu'il était occupé à s'habiller avec l'aide d'un domestique, tout à coup, sans agonie, sans souffrance, il fut frappé par la mort ; à peine eut-on le temps de lui administrer l'Extrême-Onction.

Cette nouvelle, répandue partout en un instant, consterna la ville.

Une des salles du presbytère de Notre-

Dame ayant été transformée en chapelle ardente, le corps du vénéré pasteur, revêtu d'ornements sacerdotaux, y fut dans l'après-midi, placé sur un lit funèbre. Ses traits avaient tout leur calme et toute leur sérénité ; son visage montrait cette gravité doucement paternelle, caractère marqué et habituel de sa physionomie.

Depuis l'exposition du corps jusqu'aux funérailles, la foule — prêtres et fidèles — n'a cessé d'assiéger le lit funèbre pour vénérer une fois encore ce père si regretté et pour prier à ses pieds. Les ouvriers venaient dès 5 heures, avant le travail, réciter le chapelet, — un entre autres qui, il n'y a pas longtemps, ayant été réduit par une blessure à l'incapacité de travailler, s'était vu pendant de longs mois, nourri, vêtu, soigné, uniquement par le curé de Notre Dame.

On se disputait l'honneur de veiller la nuit près du cercueil. Le jour, on le couvrait de couronnes : prêtres et laïques, congrégations, fabrique, enfant des écoles, familles particulières, ouvriers et bourgeois, se sont à l'envi signalés dans cette touchante manifestation. De ces couronnes deux des plus belles sont venues d'un quartier qui est loin d'être le plus riche de la ville ; l'une portait cette inscription : RECONNAISSANCE. LE QUARTIER DU RACHAPT, c'était celle des ouvriers ; et l'autre : LES OUVRIÈRES DU RACHAPT. RECONNAISSANCE ET REGRETS.

Le vendredi, 4 novembre, à 5 heures 1/2 après midi, l'office des morts fut chanté à Notre-Dame par le clergé de la ville, auquel s'étaient joints plusieurs prêtres du dehors. M. le curé de Saint-Martin présidait cette cérémonie.

Le samedi 5 novembre à 10 heures, la levée du corps fut faite par M. l'abbé Moricel, grand vicaire de Mgr l'archevêque de Rennes, et le cortége funèbre se mit en marche.

Après les longues files des enfants de la Providence et de l'Ouvroir, des pauvres des Hospices, des élèves des Frères et des pensionnaires du Rachapt, des enfants de Marie et de la congrégation des hommes, venait un nombreux clergé, tous les prêtres de l'arrondissement de Vitré et bien d'autres encore, jusqu'au chiffre de deux cents environ, parmi lesquels nous avons remarqué :

Vicaires-généraux : MM. Guitton, supérieur de l'Oratoire; Guillois, supérieur du Grand Séminaire ; Moricel, archidiacre de Dol.

Chanoine titulaire : M. l'abbé Briand.

Chanoines honoraires : MM. Lelièvre, curé de Saint-Sauveur de Rennes ; Gandon, curé de Toussaints de Rennes ; Duver, curé de Saint-Germain (Rennes) ; Carfantan, curé de Saint-Hélier (Rennes) ; Joly, curé de Saint-Léonard de Fougères ; Douard, curé de Saint-Sulpice, même ville ; Thomas, curé de Redon ; Evin, curé de Châteaugiron ; Bourdon, directeur de l'œuvre de Toutes-Grâces (Rennes) ; Motais, professeur au grand Séminaire ; Renault, curé de Saint-Martin de Vitré ; Troprée, curé de Sainte-Croix, même ville ; Bunel, curé de Retiers.

Nommons encore MM. Lemoine, sup^r des Missionnaires diocésains ; Guêtré, sup^r du collége St-Sauveur de Redon ; Gahier, supérieur de la pension St-Martin (Rennes) ; Thébaud, supérieur des Missionnaires eudistes de Redon ; Brissier, supérieur de la communauté de Rillé ; Lemarié, supérieur du séminaire de Saint-Méen ; Brûlé, supérieur du collége de Vitré ; Maréchal, curé

Saint-Aubin-du-Cormier; MM. les curés d'Argentré, de Bais, de Châteaubourg et de La Guerche; — M. Douard, recteur de Billé (arrondissement de Fougères) dont M. l'abbé Aubrée avait prêché, il y a quelques années, la cinquantaine de prêtrise; MM. les curés de Juvigné et de Bourgon (Mayenne); etc.. etc.

Les huit cordons du poële étaient tenus par M. l'abbé Briand, chanoine titulaire, M. l'abbé Lelièvre, chanoine honoraire, curé de Saint-Sauveur de Rennes et doyen des curés du diocèse, M. le Président du tribunal civil de Vitré, M. le Maire de Vitré, M. le Colonel commandant la garnison de Vitré, M. le Président de la Fabrique de Notre-Dame, M. le Conseiller général du canton ouest de Vitré, et M. Arthur de la Borderie, ancien député de l'arrondissement.

Le parcours suivi par le cortége funèbre était le même qui avait vu il y a trois ans (9 juin 1878) se dérouler la procession triomphale par laquelle notre ville célébrait avec tant d'allégresse, la cinquantaine de notre bien-aimé pasteur : rue Notre-Dame, rue Garangeot, rue Poterie, rue Château-briand, Petite et Grande rue Notre-Dame.

La couleur des tentures proclamait hautement hélas ! que cette joie était changée en larmes, et ce triomphe en deuil public. Toutes les rues, toutes les maisons étaient voilées de grandes draperies noires, et la musique de la ville, au lieu d'airs joyeux, faisait entendre — alternant avec les chants de l'Eglise — des marches funèbres. — La compagnie de pompiers avait fourni un piquet d'honneur, commandé par M. le capitaine.

Le deuil était mené par les membres de la famille du défunt et par MM. les vicaires de Notre Dame de Vitré, non-seulement les vicaires en exercice, mais tous ceux qui ont desservi la paroisse depuis 1850 sous la direction de l'abbé Aubrée. Derrière eux se pressait, on peut le dire, sans distinction de classe, de rang ni d'opinion. à peu près toute la ville et nombre d'habitants des alentours. Ne pouvant nommer tout le monde, nous sommes réduit à ne nommer personne.

A l'entrée du cercueil dans l'église, le vaste vaisseau de Notre-Dame a été en un instant rempli par une foule débordante ;

une foule plus nombreuse encore n'a pu entrer. Malgré cet empressement et cet encombrement extrême, pas un désordre ne s'est produit : car le caractère notable, constant, universel, de cette grande démonstration, ç'a été chez tous le recueillement, l'attitude d'une douleur vraie, profonde et religieuse.

La messe a été célébrée par M. l'abbé Barré, chapelain des religieuses hospitalières.

L'office a été chanté par la psalette du Collége ; et à l'élévation, la musique de la ville a exécuté un morceau funèbre d'un grand caractère.

A l'offertoire, M. l'abbé Moricel, grand-vicaire de Mgr l'archevêque est monté en chaire et, après la reccommandation du défunt, a prononcé le discours suivant :

« Je ne sais si je me trompe, mes bien chers frères, mais il me semble que vous attendez autre chose de moi, dans cette circonstance qu'une brève et froide recommandation. — Je m'empresse donc tout d'abord de remplir la mission qui m'a été confiée par monseigneur l'Archevêque. Sa Grandeur m'a chargé de vous dire qu'elle prenait une part immense à la perte que vous venez de faire; que pour elle votre vénérable curé était non-seulement l'un des prêtres les plus éminents et les plus accomplis de son diocèse, mais encore l'un de ses amis les plus fidèles et les plus dévoués ; et que celui était une vraie souffrance de ne pouvoir, en présidant ses funérailles, lui apporter les témoignages de sa haute estime et de sa paternelle affection.

« Et maintenant, mes frères, laissez-moi vous dire que je ne puis me défendre d'une émotion profonde en présence de ce que je vois : cet immense concours, non-seulement de la cité, mais de toute la contrée! quelle grande et touchante manifestation! quelle fête de la mort! comme elle ressemble à un triomphe!

« Emotion profonde au souvenir d'une autre fête! il y a trois ans et neuf mois, c'était en juin 1878; il vous en souvient, mes frères, et vous aussi messieurs et vénérés confrères vous y étiez presque tous!

« Quelle marche triomphale au milieu des rues de votre ville : et qu'elles étaient belles vos rues! partout des guirlandes et des oriflammes! des bannières et des arcs de triomphe! partout le même enthousiasme religieux et sympathique!

« Et votre église, quel n'était pas son éclat, avec ses riches draperies, ses tentures brillantes, ses suspensions de fleurs et de verdure! et surtout la foule immense qui la remplissait! les autorités civiles et militaires, la magistrature au complet, des prètres nombreux et, parmi eux, l'élite du clergé diocésain!

« Et l'orateur choisi entre mille pour donner une voix à cette manifestation, comme il fut bien inspiré dans son discours à la louange du héros de la fête!

« Et le héros lui-même, donnant libre cours aux sentiments de reconnaissance et d'amour qui débordaient de son âme sacerdotale! que tout cela était grand! que tout cela était beau!

« Mais aujourd'hui, cruel rapprochement! nous venons de faire le même parcours, mais vos rues sont en deuil! dans votre église je n'aperçois que tentures sombres et draperies lugubres! la foule est la même, plus grande encore je le crois C'est la ville entière et toutes ses autoriés, c'est une immense couronne de prètres, réunis de tous les points du diocèse! mais quelle tristesse et quelle désolation! et le héros lui-même, celui que nous fètions à sa cinquantaine, lui aussi il est là, mais sa voix tant aimée ne se fera plus entendre; elle est à jamais éteinte!

« Sur son lit funèbre, il dort son dernier sommeil; il repose dans la douce et grave majesté de la mort.

« Ce qui m'émeut et me trouble plus encore, c'est que vous me demandez de vous retracer la vie de votre pasteur incomparable; de vous redire son austérité antique, son inflexible régularité, la loyauté de son caractère; l'exquise distinction de sa personne, de toutes ses manières; sa charité inépuisable sous toutes les formes; la bienveillance, la courtoisie de ses relations; quoi encore! Vous le voyez, j'épuise toutes les formules, toutes les ressources de la louange, et je n'arrive qu'à prouver mon impuissance à le louer comme il le mérite.

« Ne me demandez donc pas cette tâche, mes frères, je ne saurais m'en charger; je n'ai point eu le loisir de la préparer; et je l'aurais eu que mes forces me trahiraient si je voulais la remplir! Oui, il faudrait un long discours, et il ne suffirait pas pour esquisser seulement les œuvres de sa riche et féconde carrière sacerdotale, carrière s'ouvrant à Saint-Aubin-du-Cormier, se continuant et se développant à Redon; Redon la ville où l'on ne sait pas oublier, et qui gardera de lui un souvenir impérissable; se prolongeant à Pacé, et venant se couronner ici dans un glorieux apostolat de trente années. Je veux espérer que l'un de ses nombreux admirateurs, dans une autre et prochaine circonstance, voudra bien se faire l'interprète de cette grande et sainte vie pastorale, pour la consolation et l'édification de tous, prêtres et fidèles. Cet honneur, je le sais, dans nos pieuses traditions est réservé aux princes de l'église; mais, même à ce titre, le pasteur que nous pleurons, aurait bien droit à une oraison funèbre; car personne, parmi vous, mes frères, ni vous surtout, messieurs, ne sera surpris d'apprendre qu'en 1853 il refusa un siége épiscopal qui lui était offert. Des pièces authentiques soigneusement cachées par sa modestie pendant sa vie, mais que la mort nous a livrées, témoignent et de l'offre qui lui fut faite et de son refus immédiat.

« En attendant et en constatant le vide immense produit dans les rangs de la tribu sacerdotale par la disparition de ce grand modèle du sacerdoce, vide d'une profondeur à déconcerter tous les essais et toutes les recherches pour le combler entièrement, je vous félicite, mes frères, de ne pas vous séparer complètement de celui qui vous a tant aimés. Grâce à une inspiration de la piété filiale, grâce aux soins empressés et à la délicate initiative des membres de vos conseils, celui de la cité, comme celui de la paroisse, vous pourrez ici même, dans une de vos chapelles si bien restaurées par lui, conserver les restes vénérés de votre bien aimé pasteur.

« Et maintenant, je finis en vous suppliant de prier pour lui. Sans doute je l'espère, il s'est réalisé le vœu qui terminait le panégyrique de la première fête : l'heure de la séparation de son troupeau a été pour lui la cessation de la peine et du labeur, l'entrée dans le repos et le sein de Dieu qui l'a reçu avec ces paroles de la bienvenue et de la récompense : *Euge, serve bone et fidelis !* Oui je l'espère ; et cependant je n'en fais pas moins appel à vos cœurs pour prier et hâter l'heure de la délivrance, si quelques légères souillures, quelques dettes non acquittées le retenaient encore dans le lieu où achèvent de se purifier les âmes avant d'entrer dans l'éternelle lumière. En priant pour lui, vous vous rappellerez mieux les conseils qu'il vous a donnés, et assurerez l'accomplissement de l'admirable prière qu'il adressait pour vous au jour de son cinquantenaire : « J'ose vous demander, ô mon Dieu, si votre miséricorde daigne m'admettre à un pardon trop immérité, vous demander de demeurer sur le seuil de l'Eternité, attendant, à l'heure où ils seront appelés eux-mêmes, les enfants que vous m'avez confiés. Je vous les présenterai afin qu'ils partagent le bonheur que vous aurez voulu m'accorder et que, dans un concert sans fin, pasteur et brebis chantent à jamais vos adorables perfections ! »

« Quelle touchante prière, mes frères ! ah ! il dépend de vous qu'elle se réalise ; croyez-moi, faites-en le serment, ici aux pieds de votre père ; aimez à venir quelquefois le renouveler sur sa tombe ; et qu'aucun parmi vous, aucun ne manque au rendez-vous! *Fiat! fiat!* »

L'absoute a été faite par M. l'abbé Guitton, supérieur de l'Oratoire, vicaire-général de Mgr l'Archevêque.

Après l'absoute, le corps a été conduit processionnellement au caveau creusé pour sa sépulture dans la première chapelle du bas-côté Nord, dédiée jusqu'à présent à saint Mathurin, et dont M. l'abbé Aubrée avait projeté de faire une chapelle du Sacré-Cœur.

C'était, on le sait, un vœu ardent du vénérable pasteur de reposer après sa mort dans son église, au cœur même de cette paroisse pour laquelle il avait usé sa vie; quand il apprit, il y a quelque temps, que les démarches faites dans ce but avaient réussi, il s'écria: « O mon Dieu, j'aurai « donc toutes les récompenses ici-bas! cela « me fait grand peur pour l'éternité. »

Pour les paroissiens de Notre-Dame, dans le malheur qui les accable, c'est un allégement à leur douleur de garder au milieu d'eux, toujours présente, la précieuse dépouille de leur pasteur.

Samedi après midi, vers 3 heures, cette dépouille fut mise dans une châsse de plomb, renfermée elle-même dans un cercueil de chêne, et une heure après, en présence des fidèles qui en un instant remplirent l'église, le clergé donna une nouvelle absoute, le corps fut descendu dans la fose, et le caveau immédiatement fermé avec toutes les précautions nécessaires.

Jusqu'à cette séparation suprême, une foule pieuse n'avait cessé de venir vénérer ce cercueil et prier à ses pieds.

ORAISON FUNÈBRE
DE M. L'ABBÉ AUBRÉE

Le mercredi 16 novembre 1881, jour du service de M. l'abbé Aubrée, l'église de Notre-Dame étant, comme au jour des funérailles, remplie par la population Vitréenne, M. l'abbé Evin, chanoine honoraire, curé de Châteaugiron, prononça à la fin de la messe, l'oraison funèbre du vénérable défunt dans les termes suivants, que nous sommes heureux de pouvoir reproduire.

Mes très-chers frères,

Quand la mort a couché dans la tombe un père légitimement et tendrement chéri, les enfants orphelins n'ont plus qu'une consolation, qu'une gloire : celle de parler avec amour et d'entendre parler avec respect de celui qui n'est plus visible au milieu d'eux. La religion du souvenir se présente alors... — Sa naissance, les œuvres variées de sa vie, les circonstances de son dernier soupir, tout est cher à leur cœur, tout est sacré pour eux.

Dignes et nobles habitants de cette paroisse, vous étiez dans cette douloureuse condition... je viens prendre part à votre deuil,... je viens essayer de répondre à vos désirs et à vos sentiments.

Ma mission est grande et périlleuse, je le sais. Ma faiblesse m'imposait de la repousser, mon cœur me disait d'obéir. J'ai obéi... à la cordiale prière de vos dignes vicaires, unie à celle des membres de la famille.

Aidons-nous donc, M. F. par les sentiments qui sont dans nos âmes, pour nous édifier mutuellement et pour déposer sur la tombe de votre pasteur le juste tribut de notre hommage et de notre sincère vénération.

Lorsque Dieu place une existence humaine en ce bas monde, sa sagesse lui donne toujours les moyens suffisants d'arriver à sa fin — c'est vrai ; mais il est vrai aussi que le ciel a ses créations d'élite et reste libre de la distribution de ses faveurs et de ses priviléges.

En 1805, un berceau se préparait à Rennes, paroisse St-Sauveur ; l'honneur chrétien en faisait la plus riche splendeur ; aussi l'*enfant*, septième garçon de la famille, pouvait-il le 4 juin, s'y reposer doucement.

Le nom de cet enfant fut Gilles-Marie-

Mathurin-Auguste AUBRÉE. — Là, Dieu abaissa ces regards et déposa dans l'âme du nouveau-né ces aptitudes merveilleuses qui devaient grandir et se révéler, pendant une longue carrière, par les sources fécondes de l'intelligence, de l'esprit, de la fermeté, du caractère et du dévouement du cœur. — Ici rien à louer, c'est le geste seul de Dieu. Pour l'hommage que nous lui devons rendre, nous retracerons le noble emploi que cet enfant a su faire des prérogatives reçues.

Pour le jeune Aubrée, le gymnase intellectuel des écoles et des classes premières commence par des succès.— «Va,» lui avait dit son frère aîné, Fortuné Aubrée, après l'avoir préparé un an au concours du Petit Séminaire, « va, mon enfant, tu ne peux pas être après le premier. » Prophétie du désir qui se réalisa ; sa place au concours fut la première. Répondant par l'étude à l'activité de sa belle nature, son intelligence se développait par la fermeté du travail, tandis que son cœur se formait à une tendre piété sous la haute direction de M. Blanchard. — Ses légitimes rivaux savaient l'aimer sans jalouse pensée.

Au Grand Séminaire, il comprit que des sphères plus belles que celles où voyage la pensée purement humaine s'offraient à lui. — Sous l'influence des graves leçons de la philosophie et de la théologie, l'œuvre de sa vocation s'épanouit ; et piété et science firent qu'à 23 ans, il n'était pas trop jeune pour recevoir exceptionnellement de Mgr de Lesquen, les imposantes responsabilités du sacerdoce, *le 12 juin 1828.*

Prædicate Evangelium omni creaturæ. — Cette parole qui avait enflammé les apôtres et les avait délégués vers le monde des âmes, retentit puissante dans l'âme sacerdotale du pieux prêtre Aubrée, et ouvrit une des sources des révélations de son intelligence. Le 2 juillet, il cheminait, vicaire, vers Saint-Aubin-du-Cormier.

Doué d'une facilité d'élocution remarquable et d'un organe vibrant, notre nouveau prêtre sentit que la parole était l'instrument mystérieux dont il devait se servir pour glorifier son Dieu et sauver les âmes. Il en médita la puissance, — surtout quand elle redit les accents divins — et apprit à la respecter dans sa majesté sainte, aussi bien dans les plus petites allocutions que dans les grands discours.

Se pénétrant toujours de la saine doctrine qu'une étude constante lui communiquait, se nourissant d'une tendre piété, sa parole devait devenir féconde. Pleine de clarté et d'énergie, pleine d'une originalité sympathique, elle révélait la largeur de son esprit, la belle harmonisation de ses pensées et disait toujours les vérités du ciel. — De son regard vif et intelligent il savait comprendre son auditoire ; s'élevant en se désintéressant de lui-même, suivant les exigences, il savait se faire tout à tous. — Aussi, tous aimaient à l'entendre, car c'était bien l'Evangile de Jésus qu'il prêchait, sans acception de personne, et sans blessure aucune pour les délicatesses les plus sévères.

Le pauvre était heureux de l'écouter plaidant sa cause ; le riche reconnaissant apprenait qu'il n'était que le dispensateur des dons de la Providence ; le pécheur ouvrait son cœur à l'espérance ; l'âme pieuse aspirait à monter plus haut.— Tout en lui, dans la chaire, traduisait la science, le zèle infatigable ; et ses auditeurs, suspendus à ses lèvres, ne se lassaient point de goûter le charme de sa parole, la beauté de la vertu et les visions du Ciel.

Ici, je puis me taire, vous l'avez entendu trente-un ans ; — et pas plus de Vitré que de Redon, pas plus de Pacé que de St-Aubin-du-Cormier, ne s'élèvera un démenti à mon hommage, et partout demeurera, j'espère, le souvenir de son éloquence et la mémoire de sa noble intelligence en chaire.

Voûtes sacrées de ce temple, vous ne retentirez plus de ses généreux accents ! Vous mes frères, avec vos regrets, gardez le précieux souvenir de sa parole évangélique !

Cette intelligence qui rayonnait en chaire fut partout la compagne de ses œuvres.

L'ardeur de son zèle trouvait en elle l'initiative, la voie et la persévérance qui mènent à un heureux résultat.

Des vieux cloîtres des Bénédictins, devenus en 1839 le collége Saint-Sauveur de Redon. m'arrive un écho que je veux redire. Des embarras de toute nature présidèrent à l'achat de cet établissement par le père Louis et environnèrent l'installation et l'épanouissement du Collége. Souvent la pensée du premier supérieur, M. Gaudaire, se troublait, mais M. Aubrée était là Vicaire de Redon, il se fit le soutien et l'aide du Père Gaudaire ; par son intelligente et délicate influence, les bienveillances étaient acquises, les bourses redonaises s'ouvraient, les difficultés s'aplanissaient, le collége grandissait. Une conférence de St-Vincent de Paul y était fondée, florissante aujourd'hui. M. Aubrée a été et sera regardé par les Eudistes comme un des principaux fondateurs du collége Saint-Sauveur de Redon.

Splendeur des vérités évangéliques, beauté des œuvres morales, beauté matérielle dans les arts, tout allait aux aptitudes de son intelligence. — J'en prends à témoin la réparation de ce temple. — Vous êtes fiers de sa merveilleuse transformation et vous avez raison ; car l'intelligence de votre pasteur y a présidé et s'y déploie partout. La pensée des vandales restaurateurs le faisait frissonner. Aussi, dans cette église, tout est-il beau, parce que tout y est harmonique. Depuis l'encensoir d'or qui porte vers Dieu le parfum de ses prières et des vôtres jusqu'à la flèche élégante et grave qui couronne votre tour et qui dit à vos cœurs de s'élever au Ciel, tout révèle l'inspiration de votre intelligent Curé.

La conduite spirituelle de la paroisse, la direction des affaires administratives, tout marchait à bonne fin par l'effet incessant de son intelligente et sage activité; aussi notre très illustre et très vénéré cardinal Saint-Marc, dans la dernière visite qu'il vous fit, pouvait-il lui dire, du haut de cette chaire, en lui rendant hommage : « Quand « il y a déjà longtemps, je vous ai installé « dans cette paroisse, je disais à cette po- « pulation que j'avais pleine confiance en « vous; aujourd'hui j'ajoute que cette con- « fiance a été justifiée et dépassée. » Et moi, M. F., résumant toute ma première pensée, je suis en droit de dire : *Cibavit illum Dominus pane vitæ et intellectus et aqua sapientiæ salutaris potavit illum.* — Le Seigneur l'a nourri du pain de la vertu et de l'intelligence, et il l'a enivré de l'eau de la sagesse qui fait le salut de toute chose.

C'est que l'intelligence, si la fermeté du caractère n'est absente, est le signe vrai de l'homme et du prêtre.

Je sais que chacun a sa tâche personnelle,

mais je sais aussi que chacun a le devoir de se retremper suivant les exigences de sa mission.

Ah ! c'est là une grande vertu que sut obtenir votre cher et vénéré défunt — fermeté de caractère ! Je la salue chez lui.

Cette vie d'homme et de prêtre de cinquante-trois ans, qui pourrait en dire toutes les péripéties ?

N'allons pas nous imaginer qu'une existence de plus d'un demi siècle puisse s'écouler tranquille, comme le placide ruisseau sur le doux gazon d'une immense prairie. — *Toute créature gémit* dit l'apôtre, et de siècle en siècle, chacun le redira après lui : inquiétudes, préoccupations, difficultés, obstacles, contradictions, déceptions. Voilà les éléments qui forment les orages et les tempêtes de la vie, pour apporter les ennuis, les abattements, les défaillances qui ébranlent toute existence commune.

Me direz-vous que l'épreuve n'a jamais touché de sa pression ni son esprit, ni son cœur, ni sa volonté ; que tout lui souriait ? Sa vie a été trop longue et mêlée à trop de circonstances, pour admettre ce paradoxe.

Si vous n'avez pas aperçu en lui de signes de faiblesse, si vous n'avez pas connu la souffrance de ses épreuves, c'est que la fermeté de son caractère était là pour les porter dignement, c'est que sa vertu en gardait le secret. — *Lex Dei ejus in corde ipsius*, *et non supplantabuntur gressus ejus.* Résolument appuyé sur son Dieu, le regard fixé sur la verité des choses, il marchait dans son incroyable activité vers le but que lui traçait son devoir. Sur la route, la peine pouvait le toucher, mais elle ne pouvait pas l'abattre.

Voilà pourquoi vous lui voyiez toujours la sérénité au front. — Ce ne fut pas l'œuvre d'un jour, ce fut l'œuvre de toute sa vie. Il avait compris la croix avec ses mortifications et ses résignations, et à ses pieds il trouvait toujours la force d'âme dont il avait besoin.

Vous l'avez vu tel dans la vigueur de sa vie, regardez-le dans ses derniers jours. Et ses derniers jours furent longs par le temps, longs par la souffrance, la maladie voulant vous montrer sa force dans la souffrance et révéler la noble fermeté de son courage.

Montez à ma place, vous ses dignes vicaires et ses généreux collaborateurs. Vous l'avez vu le jour, vous l'avez vu la nuit, dites-nous, dans ses intolérables douleurs, sa patience, son calme et sa résignation! Dites nous l'édification dont il vous pénétrait, dites-nous l'admiration dont vous l'environniez; dites-nous, oh! dites-nous l'union de ses souffrances à celles de Jésus et ses mérites pour là-haut.— Mais à moi de continuer mon hommage; à moi de vous demander, M. F.: Où puisait-il cette patience, ce calme et cette résignation ?

C'est dur de voir l'ange de la mort s'avancer lentement et accentuer par degrés le battement de ses ailes lugubres. — Il le vit, il calculait sa marche, la fermeté de son âme était là pour l'attendre. Vous l'avez vu le 26 octobre porté dans son église, victime caressée par la mort, vous l'avez entendu parler à vos enfants : « Mes enfants, « vous qui êtes l'avenir de la paroisse, soyez « toujours des chrétiens fervents ; soyez la « consolation et la joie de vos parents. « Pour vous, pour la paroisse, la France et « l'Eglise nous allons réciter *Pater et Ave*.» Chacune de ces paroles est un acte héroïque de fermeté, de caractère et de courage chrétien ; — chacune de ces paroles devait lui tomber sur le cœur comme un glas d'agonie.

Alors que la mort se penchait pour le saisir, alors que les forces physiques l'avaient abandonné, où puisait-il le 2 novembre la force de se faire lever à 5 heures du matin pour se rendre à l'église et y communier ? Où ? Dans son invincible fermeté d'âme. — A 5 heures et demie la mort vit sa victime debout dans le beau de la résignation, et la mort respecta sa victime. — O vénéré pasteur, mourir vous sera doux ! La mort ne lui jeta point les horreurs de l'agonie, elle lui prit son dernier soupir et lui laissa sa majesté — Vous l'avez vu à ses funérailles, et vous n'avez pas eu peur de le regarder. — Les voix disaient à travers les sanglots : « Oh ! comme c'est bien lui ! la mort ne l'a pas changé. » — La fermeté du caractère a été la compagne de son intelligence.

Vous parler du dévouement de son cœur !...

La régularité sacerdotale a toujours été invariable dans la vie de votre pasteur ; et les exercices de la piété qui la composent étaient sacrés pour lui. — Cinq à six heures au plus de sommeil suffisaient à l'incroyable activité du jour. Aucun des exercices de son règlement n'était abandonné, par cette pensée vraie qu'un exercice manqué trouble tous les autres. — Pourquoi insister ?

A la grande et joyeuse fête de sa cinquantaine, une voix délicate et sympathique proclamait cette régularité ; aux solennités funèbres du 5 novembre, une autre voix autorisée la proclamait encore, et l'offrait comme le modèle du prêtre. — On avait raison, car dans cette régularité monacale au milieu d'une vie séculière, il y a un grand fait qui domine. — Je veux en dire le motif.

Pietas ad omnia utilis.... Votre pasteur avait pénétré le sens profond de cette parole de saint Paul. — La piété c'est l'épanchement du cœur devant Dieu, pour y puiser la bonté surnaturelle qui vient se déverser en dévouement sur les hommes.

L'étude forme l'esprit, la piété forme le cœur par le gymnase spirituel des exercices — Ce n'est pas assez d'être naturellement bon ; il faut qu'à cette bonté native vienne s'unir une participation de la bonté de Dieu pour aimer toujours et se dévouer toujours. — Voilà ce que votre pasteur avait compris, et voilà pourquoi de cette régularité il se lia toute sa vie comme d'une chaine de fer, afin de développer son amour pour Dieu et de grandir son cœur pour le donner aux populations confiées à ses soins.

Sortant des religieux silences de l'oraison, l'esprit et le cœur remplis des communications du Ciel, il montait à l'autel harmoniser son cœur avec celui de J.-C. — Vous l'avez vu célébrer, vous l'avez vu dans son action de grâces, vous l'avez vu dans ses visites au Saint Sacrement, — et il vous était impossible de ne pas apprécier le complet de son profond recueillement, et vous avez pu deviner quelques-unes des douces communications de son cœur avec le divin cœur de Jésus-Christ !

Ah ! sans doute, ce fut dans un de ces moments que lui vint du Ciel l'inspiration d'ériger une chapelle à la gloire du Sacré-Cœur. Cet acte d'amour, il vous l'annonçait e 15 août dernier. En vous demandant de 'aider, n'aurait-il pas pu s'écrier, connaissant son cœur et le vôtre : « Vif ou mort je l'achèverai »? Oui mes frères, cette chapelle s'achèvera, car son cœur y repose à l'ombre de celui de Jésus.

Ah! quand un cœur est ainsi façonné sous l'action de Dieu, son amour ne sera pas égoïste. — Dans les salons du riche, ses manières affables et courtoises respiraient la politesse exquise; son langage spirituel et chrétien lui gagnait l'estime et la vénération. Il lui attachait les cœurs dans l'humble demeure des pauvres. Son cœur compatissant soulageait la misère en la sanctifiant... *Pietas ad omnia utilis est!*

On dit qu'un jour, une malade sur son grabat solitaire et misérable criait : « J'ai soif ». Votre pasteur, alors vicaire, entre, allume le feu, chauffe la tisane et apaise la souffrance de cette bonne vieille.

Son cœur intelligent avait le don de découvrir les infortunes cachées, et sa délicate discrétion y apportait remède. — Sa charité répondait à tous les besoins et sa générosité devenait un mystère, à tel point qu'on peut lui prêter les paroles de sainte Thérèse à ceux qui s'étonnaient de l'adresse de ses entreprises : « Cinq sous et Thérèse ce n'est « rien ; mais cinq sous et Thérèse avec Dieu « c'est tout. » — Cinq sous et Aubrée ce n'était rien : mais cinq sous et Aubrée avec Dieu, c'était tout.

Quand, arrivant dans cette paroisse, en 1849, il voulut accorder des honneurs aux enterrements des pauvres, n'allez pas croire qu'il cherchait la popularité. C'était son cœur qui voulait répandre ses larmes et ses prières sur le cercueil et l'âme des malheureux, les meilleurs amis du bon Dieu.

Pardon, ô Seigneur Jésus! si j'emprunte, pour louer toute sa charité, un éloge qui vous est réservé — votre pasteur était votre ami — *Dispersit dedit pauperibus* — *Transiit bene faciendo*. Il dépensa son cœur, il le donna aux pauvres. Il passa partout en faisant le bien. Les populations où il a passé, il les avait dans sa main, parce qu'il savait leur donner son cœur.

M. Gilles-Marie-Mathurin-Auguste Aubrée était un homme et un prêtre. — Devant cette grande figure qui m'apparaît dans les si belles manifestations de son intelligence, de son courage et de son cœur, je suis tenté de dire : Pourquoi donc une sphère d'action plus large et plus élevée ne vous l'a-t-elle pas ravi? — Le 13 octobre 1853, une lettre du ministre des cultes, alors M. de Parieu, le nommait à l'évêché de Perpignan. Le 14, votre pasteur refusait. A une instance qui lui faisait savoir que s'il refusait, M. Gerbet allait être nommé : « M. Gerbet! dit votre curé, raison de plus, je maintiens mon refus : M. Gerbet est un prêtre plus capable que moi de faire un évêque, je l'ai vu à Redon et à la Chesnaie. » Il avait refusé Perpignan, il refusera le siége du Puy, il refusera un siége en Algérie.

Gloire à son humilité ! Bonheur à vous, son humilité vous l'a conservé ! — Votre reconnaissance gardera son souvenir, pour soutenir votre foi et votre amour pour J.-C.

Je suis venu dire : *Priez pour lui*, et mon cœur lui dit : *Priez pour moi !*

CINQUANTAINE

DE M. LE CURÉ DE NOTRE-DAME.

Le dimanche 9 juin 1878, M. Aubrée, curé de Notre-Dame, célébrait le 50e anniversaire de son sacerdoce.

La veille, il avait eu soin de faire une large distribution de pain aux pauvres de la paroisse ; et, dans une pensée de charité, il avait recommandé aux familles riches de pourvoir à ce que par ailleurs la fête fut complète pour tout le monde.

La paroisse et la ville toute entière avaient rivalisé de zèle pour en rehausser l'éclat. L'église, tendue de draperies velours et or, d'oriflammes, de guirlandes, de suspensions, de fleurs, présentait un aspect ravissant : nous n'essaierons pas d'en faire la description.

5 heures du matin.

Le temps semble devoir être favorable. Déjà la foule circule dans les rues que l'on commence à décorer, et en entrant dans la vieille église chacun s'écrie : « Que c'est beau ! »

9 heures.

Hélas ! le temps s'est assombri et a interrompu les préparatifs. La pluie tombe par torrents et interdit la procession solennelle annoncée pour 9 heures et demie.

10 heures.

La grand'messe a commencé à 10 heures.

Les autorités civiles et militaires, la magistrature au grand complet avaient été invitées à cette cérémonie et avaient tenu à l'honorer de leur présence.

M. le Curé était assisté par deux de ses neveux, M. l'abbé L. Aubrée, curé de Huynes (Coutances) et M. l'abbé F. Aubrée, vicaire de Betton. Le clergé de la ville et du canton, plusieurs curés de l'arrondissement, M. le Curé de Saint-Sauveur de Rennes, M. le Curé de Redon, quelques vétérans du sanctuaire, M. le Supérieur du Collége, M. Nevou, chanoine honoraire, les anciens vicaires de Notre-Dame, les prêtres nés dans la paroisse, formaient dans le chœur une magnifique couronne sacerdotale, pendant que l'église avec ses nefs et ses chapelles béantes était remplie d'une foule de fidèles recueillis et avides de s'associer à cette fête.

Les chants ont été exécutés par l'excellente psallette du collége Saint-Augustin avec un ensemble et un entrain qui font l'éloge des élèves et des maîtres qui les dirigent. La musique municipale a fait entendre elle-même des morceaux très appréciés des connaisseurs, et M. Lamandé a joué un offertoire de Guilmant tiré d'un chœur de Hændel, puis une sortie de Lemmens, avec un talent magistral : ce qui n'étonnera point ceux qui connaissent le jeune et savant organiste de Notre-Dame.

A la post-communion, M. le Curé de Janzé est monté en chaire, et s'est exprimé en ces termes :

> « Euntes docete omnes gentes. baptizantes eos in nomine Patris et Filii et Spiritus Sancti ; docentes eos servare omnia quæcumque mandavi vobis. » (Matth. 28).
>
> « Allez, enseignez toutes les nations ; baptisez-les au nom du Père, du Fils et du Saint-Esprit, les instruisant à garder tout ce que je vous ai confié. »

« Mes Frères,

« Il y aura tout-à-l'heure dix-neuf siècles

que cette parole souveraine a retenti aux oreilles des Apôtres. Forts de leur mission, éclairés et fortifiés par le Saint-Esprit, les douze envoyés du Christ se partagèrent le monde et ils parlèrent si haut et si ferme que bientôt l'on put dire que leur parole, écho de celle du Maître, avait retenti d'un pôle à l'autre, et s'était propagée jusqu'aux confins de la terre : *In omnem terram exivit sonus eorum, et in fines orbis terræ verba eorum.* » (Rom. 10-18). A eux douze ils convertirent le monde païen, et bientôt on put rendre de leur Maître ce magnifique témoignage : Le Christ a vaincu, il règne, il commande! *Christus vincit, regnat, imperat.....*

Ce furent là les premiers prêtres! Mais la parole de Jésus-Christ est éternelle comme Lui, et le souffle du Saint-Esprit n'a point cessé d'inspirer et d'électriser les âmes de son choix. Aux Apôtres ont succédé les Evêques qui, avec les Prêtres, ont continué à régir et à étendre l'Eglise de Jésus-Christ.

Il y a vingt-huit ans aujourd'hui, l'un de ces Evêques appela un de ses Prêtres les plus distingués et, lui appliquant les paroles du Maître, lui dit : « Allez, mon Frère, allez régir une des plus belles et des plus importantes paroisses de mon Diocèse. Allez enseigner et baptiser les âmes de Notre-Dame ; allez garder dans mon peuple de

Vitré le dépôt sacré de la Foi que ses pères ont conservé jusqu'ici avec tant de fidélité!

« Celui qui envoyait était l'archevêque qui vient lui-même d'aller à Dieu et qui manque, hélas! à cette belle cérémonie où il avait expressément gardé sa place! La mort, hélas! ne nous a laissé de l'éminent cardinal que son trône, vide de lui, occupé seulement par ses armes voilées d'un crêpe funèbre. L'envoyé était le jeune et vaillant curé qui apportait à ses paroissiens la fraîcheur et la force de ses quarante-cinq ans avec la ferveur et le zèle de son âme.

« Depuis lors, les années de labeur se sont accumulées sur la tête de votre vénérable et vénéré pasteur, mais sans l'écraser, grâce à Dieu, — sans rien modifier à la merveilleuse régularité de sa vie, sans presque toucher à sa verdeur ni diminuer ses admirables facultés. Leur cycle a amené pour lui cette cinquantaine touchante qui est fêtée par tous les nobles cœurs, dans la religion comme dans la famille. Heureuse fête qui nous consolera et nous dédommagera du spectacle ou du bruit de ce centenaire odieux que des forcenés et des impies ont voué naguère à l'ennemi de Dieu et de son pays (centenaire de Voltaire, 30 mai 1878).

« Mais qui suis-je, moi, pour faire parler cette grande et auguste cérémonie?.... Je suis, mes frères, votre concitoyen, et j'ai été le premier jeune prêtre que votre pasteur ait conduit à l'autel de son église, notre commune paroisse.

« C'est à ce double titre que je dois l'insigne et périlleux honneur qui m'est fait aujourd'hui et pour lequel, en toute sincérité, je confesse mon insuffisance et mon indignité. *Veni, Sancte Spiritus, et emitte cœlitus lucis tuæ radium !* Venez donc, ô Esprit-Saint, et comme au jour de la Pentecôte, envoyez du ciel un rayon de votre lumière pour éclairer cette fête de famille, — pour illuminer celui qui en est l'objet, — pour inspirer son faible et impuissant interprète !

« La fête qui nous rassemble, mes frères, est essentiellement la fête du prêtre, pasteur des âmes. Essayons donc de voir ensemble et de vous dire :

Ce que doit être le prêtre ;

Ce qu'a été votre prêtre à vous, votre pasteur.

I.

« Le Prêtre est un envoyé de Dieu auprès des âmes, qu'il doit sauver.

« Donc le prêtre est l'homme de Dieu et l'homme de ses frères. »

Nous regrettons de ne pouvoir donner que l'analyse de cette première partie :

Homme de Dieu, il doit, en son nom,

présider, prêcher, sacrifier, bénir. — Il est son serviteur, son témoin, le gardien de son temple.

Homme de ses frères : ils sont sa famille et il leur doit l'affection d'un père... surtout aux déshérités de la terre : les pauvres, les malades, les enfants, les pécheurs et les morts.

II.

« En parlant des beautés de la paroisse, des grandeurs des devoirs du pasteur et du curé chargé d'âmes, qu'ai-je fait autre chose, mes frères, que le récit de la vie et l'éloge couvert de votre curé, à vous ? Ah ! si le ministère pastoral est une lourde charge pour des épaules humaines, on peut bien dire pourtant, n'est-il pas vrai, que ses épaules, à lui, ont porté ce fardeau avec une force admirable, avec toute la noblesse et la dignité possibles à la pauvre humanité !

« Après la mort de Lacordaire, un de ses frères en religion a fait le récit de sa vie intime dans un livre excellent, fort goûté de votre curé, je le sais. Ce livre nous découvre dans l'illustre Dominicain des vertus cachées qu'on n'eût jamais devinées dans l'homme public, et qui le complètent merveilleusement ! Ceux qui avaient été enthousiasmés par la magique parole du grand orateur et qui avaient admiré son incomparable talent ont admiré plus encore les vertus cachées de la cellule, et ont été plus édifiés par son humilité et sa mortification qu'ils n'avaient été fascinés par son éloquence.

« Si la modestie de votre pasteur ne m'imposait en sa présence la discrétion et la réserve, je pourrais bien, et ses dignes vicaires mieux que moi, faire pour lui ce qu'a fait le P. Choccarne pour Lacordaire. Et vous admireriez avec moi son lever toujours matinal au premier chant du coq, — la régularité de sa vie intime partagée entre la prière et l'étude, — son assiduité modèle et sa participation infatigable aux offices de l'Eglise, — son inviolable fidélité à la rigoureuse abstinence des anciens temps, — son refus obstiné de participer aux facilités de nos jours relâchés...,

« Mais non, je m'arrête et veux garder un silence discret sur sa vie intime et sur ses vertus privées...

« Et pourtant, mon cher et vénéré confrère, si je me taisais tout-à-fait sur vos œuvres, les pierres de votre église parleraient à ma place (*Lapides clamabunt*, Luc. 19-40), et vos paroissiens surpris me reprocheraient de manquer à ma mission, en ne traduisant pas leur reconnaissance et leur admiration.

« Et puis, vous le savez, eux, comme vous,

ont été au travail, au sacrifice et à la peine; il est bien juste qu'aujourd'hui ils soient à l'honneur et à la joie, en contemplant avec amour vos œuvres curiales qui sont aussi les leurs par leur participation et leur générosité.

« Laissez-moi donc rappeler à mes contemporains le triste état dans lequel vous avez trouvé Notre-Dame de Vitré et la merveilleuse restauration qu'elle a subie entre vos mains.

« A cette époque, mes frères, quand on approchait de votre église, l'œil était désolé par la tour tristement découronnée, par ses pignons en ruines, ses fenêtres délabrées et son socle enterré dans un terre-plein moins que gracieux.

« A l'intérieur, un malencontreux mur et placard brisait en deux votre église et lui enlevait toute perspective, des autels sans aucun rapport avec le monument, un ignoble badigeon dans le mauvais goût du temps avait, ici comme ailleurs, souillé les murailles, malgré les cris éloquents de l'illustre Montalembert contre le vandalisme dans l'art au temps de Louis-Philippe !

« Plus heureux et mieux inspiré que ces prédécesseurs, votre curé, avec un goût exquis et sous l'inspiration savante d'un ami, a restauré magnifiquement votre belle façade méridionale, et a lancé dans les airs cette flèche superbe qui semble montrer du doigt le ciel et crie à toutes les âmes : *Sursum corda!* En haut les cœurs !

« Et quant à l'intérieur, c'est, pour les anciens, à ne pas s'y reconnaître ! Le chœur des Moines restitué à votre eglise, doublant sa longueur et lui faisant une admirable tête... Les murailles nettoyées et rendues à leur noble nudité ! La voûte restaurée et décorée de peintures... Sous la tour, un misérable plancher remplacé par une superbe coupole en pierres, la plus belle pièce peut-être de la restauration ! Des cloches magnifiques qui, avant l'office, saluaient leur auteur de leurs harmonieuses volées ! Des autels charmants et se mariant à merveille avec l'église !... Les fenêtres décorées de méneaux et de vitraux ! Une chaire monumentale... Pour orgue, un des plus beaux prix de la première exposition de Londres ! Un ensemble de beautés et d'harmonie qui font de cette église, après Dol, le monument le plus beau peut être, le plus complet et le plus soigné du diocèse !...

« Ajoutez à tout cela des ornements d'une splendeur incomparable donnant au culte un éclat peu ordinaire, et vous aurez une idée un peu complète des œuvres paroissiales accomplies par le zèle de votre curé qui, certes, pourrait bien dire avec le psalmiste: *Zelus domûs tuæ comedit me.* (Ps. 68.) Le zèle de votre maison m'a dévoré !

« Mais comment cet infatigable ouvrier

a-t-il pu mener à bout une restauration aussi difficile peut être et aussi méritoire qu'une construction de fond en comble ? Comment a-t-il été assez heureux pour forcer l'entrée des bourses jusque-là si soigneusement fermées ? Ah ! c'est qu'il avait pour cela le zèle et le dévouement qui s'imposent et se communiquent, la constance que rien ne rebute, le savoir-faire qui ne gâte rien, même dans les choses de Dieu, la parole vive et colorée, entraînante et distinguée, respirant la conviction et la foi, réalisant, par sa chaleur et sa vie, les qualités victorieuses que réclame pour l'orateur le maître de l'éloquence antique : *Vir bonus dicendi peritus*.

« Joignez à cela sa prodigue générosité pour les pauvres, et vous aurez le secret de ses succès : on donne volontiers à qui donne tout !

« J'ai dit : Ses succès ! Est-ce à dire qu'il a manqué d'épreuves, de soucis et de chagrins ? Hélas, mes chers frères, la Providence en réserve à tous ! Et, il ne faut pas trop s'en plaindre, c'est la souffrance qui met en relief la force de l'âme et elle est, pour tout homme, tout à la fois la mesure et la constatation de la grandeur morale. L'antiquité payenne elle-même l'avait ainsi compris et traduit dans une admirable parole : *Res sacra miser !* Celui qui souffre est une chose sacrée !...

« Mes frères, on ne vit pas soixante-treize ans, on ne passe point vingt-huit ans dans une paroisse quelconque sans rencontrer, un jour ou l'autre, des détracteurs et des ingrats, des déboires cruels, des résistances et des contradictions, des malentendus parfois plus fâcheux et plus pénibles encore !..

« N'importe ! dans la peine comme dans la joie, il est resté à son poste, fort, actif, et serein, toujours le serviteur fidèle de Dieu et de ses frères...

« A celui qui a toujours été l'homme de ses frères, ceux-ci doivent bien sans doute reconnaissance, affection et soumission : Reconnaissance pour les âmes qu'il a éclairées et fortifiées par sa vive et pénétrante parole, pour les pauvres qu'il a nourris et pour les riches qu'il a amenés à la générosité. Reconnaissance pour la merveilleuse transformation de votre église et le luxe donné aux offices de Notre-Dame ! Affection pour son dévouement constant ! Soumission à sa science sacerdotale, à sa longue expérience, à ses cinquante années de prêtrise !

« Je comptais, mes frères, vous demander tout cela pour lui. Mais, après ce que j'ai vu, je ne vous demande plus rien !!

« En vous voyant ici si sympathiques et si nombreux, après avoir contemplé vos rues délicieusement enguirlandées et jonchées de fleurs, après avoir admiré votre église avec ses magnifiques tentures, ses grâcieuses décorations, après avoir entendu votre musique et vos chants d'allégresse, je ne vous demande plus rien. Je m'en rapporte à vous et compte absolument sur vos bons cœurs qui garderont, pour vous et pour lui, le souvenir ineffaçable de cette cinquantaine bénie et du père que vous avez fêté !..,

« Quant à Dieu, à celui qui fut toujours son homme, son serviteur et son témoin il doit la bénédiction et la récompense qui ne manqueront point, mes frères... et qui ont pour garant la parole de saint Jean : *Scio opera tua, fidem et charitatem tuam.* (Ap. 2-29). Je connais vos œuvres, votre foi et votre charité.... Dieu continuera de noter jusqu'au bout ses bonnes œuvres et ses actes de dévouement, et il en tiendra un compte fidèle et généreux !...

« *Jusqu'au bout*, ai-je dit. Faut-il parler du terme, de la mort, dans cette fète de la longue vie ?... Eh bien oui, il le faut, parce que cette pensée ne doit pas quitter le chrétien. Le héros de la fête est trop sage, trop chrétien et trop prêtre pour n'avoir pas souvent médité cette pensée, et il m'en voudrait de voiler et d'effacer de cette cérémonie l'idée de la mort.

« Mais l'église et le troupeau qui lui ont été confiés ont encore besoin de lui, et toutes les brebis vont demander à Dieu la longue conservation et crier avec moi : *Ad multos annos !!!* Qu'il vive et qu'il vive longtemps! — Oh ! oui, qu'ils durent longtemps, mes bien chers frères, les nœuds dorés des nouvelles noces que votre affection filiale vient de renouer si solennellement avec le père et pasteur de vos âmes !...

« Et quand sera venue l'heure inévitable de la séparation, que ce soit pour lui la cessation de la peine et du labeur, que ce soit l'entrée dans le repos et dans le sein de Dieu, qui le recevra avec ces paroles de la bienvenue et de la récompense : « *Euge, serve bone et fidelis, intra in gaudium Domini tui !* » (Luc 19-10). Salut, bon serviteur et fidèle témoin, entre dans la joie de ton Maître ! Ainsi soit-il !

« En attendant cette bénédiction suprême de Dieu sur votre pasteur, lui va répandre sur nous la bénédiction la plus solennelle et la plus imposante qu'un homme puisse donner, puisque c'est celle de Jésus-Christ lui-même et de son Vicaire. Comme couronnement de sa vie sacerdotale de cinquante ans, comme récompense de votre dévouement, à vous, le Souverain-Pontife a bien voulu lui accorder pour aujourd'hui ce privilège et bénéfice de la bénédiction apostolique...... Vous allez donc, mes frères, courber vos têtes et incliner vos cœurs respectueux, et votre pasteur va y verser avec émotion les bénédictions de Dieu, du Pape et de son cœur de père… Puissent-elles vous porter bonheur pour le temps et pour l'Eternité !

Ainsi soit-il ! »

A la fin de la messe, M. le curé de Notre-Dame, malgré les fatigues de la matinée, a tenu à adresser quelques paroles à la nombreuse assistance. Les voici à peu près :

« La carrière sacerdotale de votre pasteur a été bien longue. Un demi-siècle de ministère !… et sur ces 50 années d'une incessante activité, plus de vingt-huit ont été passées au milieu de vous.

« A ne considérer qu'un côté de la vie du prêtre, on pourrait trouver bien pénible une si longue et si monotone carrière… Car c'est l'étude, condition nécessaire de l'instruction que le pasteur doit à ses ouailles… une perpétuelle vigilance, pour se maintenir l'exemplaire acceptable de son propre enseignement… l'abandon des joies de la famille… le compte à rendre pour justifier, la confiance du Maître, dont il tient la place dans ses fonctions près des âmes…

« Mais si on l'envisage dans son ensemble, la vie du prêtre vraiment appelé est bien douce... plus que nulle autre vie du temps.

« Il a facile accès auprès du Maître, qui ne le regarde pas comme un simple serviteur, mais comme un ami... un ami pour lequel son divin cœur n'a point de secrets... Ses audiences, par un privilége tout personnel, sont de tous les instants du jour et de la nuit... Il a la clef du temple, il est le gardien-né du tabernacle ! O précieuses heures passées dans les saints parvis, entre le vestibule et l'autel ! des milliers d'années passées partout ailleurs, dans la satisfaction des plus séduisantes convoitises, pourraient-elles vous être seulement comparées ? Sans famille selon la nature, selon la grâce combien nombreux sont les enfants qu'il peut montrer avec bonheur ! C'est qu'il les a vraiment engendrés par le baptême... rappelés de la mort et rendus à la vie par le pouvoir divin de remettre les péchés ! Combien nombreux les enfants qu'il a faits siens par un dévouement plus que paternel !

« Il se doit à tous, du reste, à tous, car tous étant l'objet de la grande réparation, le prêtre ne doit ni ne peut faire acception de personne, et l'exemple du Calvaire et la prière de Jésus mourant ne saurait être perdu pour le prêtre sans le perdre lui-même.

« Voyez plutôt, à l'appui de ces pensées,

l'innombrable assistance que peut à peine contenir le vaste enceinte de ce temple! Toutes les les conditions, tous les âges sont ici ... Serait-ce donc un pauvre et misérable vieillard que se proposeraient d'honorer des officiers distingués de l'armée... la magistrature locale tout entière?... C'est le sacerdoce catholique... Jésus-Christ, le souverain prêtre, auquel seul je dois rapporter et rapporte en effet tout l'éclat de cette fête. Aussi, combien je suis heureux de vous voir, MM. les administrateurs de notre vieille et bien chère cité! Vous qui m'avez toujours si cordialement accueilli, si sagement conseillé, si puissamment aidé! Messieurs du Conseil de fabrique, dont j'ai dû m'efforcer d'imiter le zèle et la discrétion dans la conduite si sérieuse des grands intérêts de cette paroisse! Que je suis heureux de vous voir en si grand nombre, chers confrères, pour lesquels j'ai toujours été pénétré d'un si profond respect à cause du caractère saint dont vous êtes revêtus, éprouvé une sympathie si vive en raison des qualités et vertus qui vous distinguent, et en retour de la bienveillance que vous m'avez témoignée.

« A vous, chers paroissiens, c'est justice que je revienne sur ce que l'on vous disait dimanche dernier, et que j'affirme que de tout ce qui s'est fait de nécessaire ou d'utile, dans la restauration de cette basilique, le plus remarquable sans conteste des sanctuaires élevés dans ce diocèse en l'honneur de la Vierge Marie, c'est à vous seuls que la gloire en revient... Merci, de la part de Dieu, de vos admirables sacrifices!... Nos bienfaiteurs ne sont pas tous ici. La mort, hélas! a fait de bien grands vides au milieu d'eux... Mais ils vivent et vivront dans la reconnaissance d'un cœur qui ne les oubliera jamais.

« Encore un triste souvenir! L'eminentissime cardinal notre archevèque, s'était réservé la présidence de cette fête... Vous deviez une fois de plus contempler ses traits aimés... Il se proposait de revoir encore une fois une population qui lui était bien chère. Dieu l'a rappelé de cette terre... Son trône vide, le crèpe funèbre qui recouvre ses armes, nous redisent avec trop de vérité ce douloureux évènement... Il n'était guère plus avancé que moi dans la vie... Il était arrivé à l'apogée des honneurs... et de lui, par la mort, il ne nous reste qu'une mémoire bénie!

Je termine, frères bien-aimés, par l'une des dernières prières sorties du cœur si aimant de Notre Seigneur Jésus : Je vous rends grâce, ô mon Dieu, de ce que ceux que vous m'avez donnés se trouvent en ce moment avec moi, au pied de cet autel, où nous nous sommes si souvent rencontrés! Et, j'ose vous demander, si votre miséricorde daigne m'admettre à un trop immérité pardon ; vous demander, dis je, de demeurer sur le seuil de l'éternité, les attendant, à l'heure où ils seront appelés eux-mêmes, pour vous les présenter, afin qu'ils partagent le bonheur que vous aurez voulu m'accorder, et que, dans un concert sans fin, pasteur et brebis chantent vos perfections adorables... et vous bénissent à jamais ! ! ! »

Après cette allocution, un des vicaires a lu, en chaire, le rescrit de Rome qui accordait au vénérable curé, à l'occasion de ses noces d'or, le pouvoir de donner la bénédiction pontificale, et tous les fronts se sont inclinés pour recevoir cette bénédiction et les faveurs spirituelles qui l'accompagnent.

C'était le couronnement de la première partie de la fête religieuse.

Midi et demi.

Maintenant M. le curé réunissait à sa table les autorités de la ville, ses confrères et ses nombreux invités. Une tente, aux larges dimensions et aux décorations les plus élégantes, avait été dressée dans le jardin par les soins intelligents et dévoués de M. A. B... et permettait à tous de se trouver à la même table sans craindre l'inclémence du temps.

Au dessert, M. Ragot, maire de Vitré, s'est levé et a prononcé les paroles suivantes :

Monsieur le curé,

« La joie avec laquelle les paroissiens de Notre-Dame célèbrent votre cinquantaine est, nous en sommes certain, la meilleure récompense du dévouement avec lequel vous remplissez la mission que vous avez reçue il y a 28 ans. Nous étions enfant lors que vous êtes arrivé à Vitré, mais nous avons conservé un vivant souvenir du premier acte de votre administration ; ce fut une mesure de sollicitude pour les plus déshérités de vos paroissiens ; et depuis ce temps de quelle charité n'avez-vous pas entouré ceux qu'en vrai pasteur vous avez toujours considéré comme vos principales brebis ? Les prières des pauvres et des petits sont puissantes auprès de Dieu, elles vous conserveront longtemps parmi nous. — C'est le vœu le plus ardent de tous vos paroissiens, c'est surtout celui de ceux qui, comme nous, par des relations plus intimes, ont particulièrement appris à vous connaître et à vous aimer.

« Messieurs, je vous propose un toast au

plaisir de fêter dans vingt-deux ans la cinquantaine de l'arrivée de M. le curé parmi nous. »

Après lui M. le curé de Redon s'est avancé à son tour :

« Monsieur le curé,

« Vous avez des titres particuliers à mon affection reconnaissante. C'est vous qui avez dirigé mes premières études, et si je figure dans les rangs du clergé de notre beau diocèse, c'est à vous que j'en suis redevable.

« Je suis un enfant de St-Aubin-du-Cormier qui reçut les prémices de votre sacerdoce, et où votre mémoire est toujours vivante.

« Je suis curé de Redon, où vous avez, pendant quatorze années, exercé le saint-ministère avec un zèle et une distinction dont le souvenir ne s'effacera pas.

« J'ai eu l'honneur d'être votre vicaire pendant douze ans, dans cette paroisse de Notre-Dame qui vous fête aujourd'hui avec un élan si digne et si gracieux ; et je suis heureux de retrouver ici quelques-uns de ceux qui ont goûté, avec moi, et après moi, le bonheur de votre intimité.

« L'un d'eux nous manque ; c'est le cher abbé Denis, curé de Châteaubourg. S'il vivait, il serait ici ; et je n'aurais pas à prendre la parole en cette solennité.

« Mais puisqu'il a plu à Dieu de l'appeler dans un monde meilleur, permettez-moi, cher et vénéré père, de vous exprimer mes sentiments personnels ; de me faire l'interprète de mes compatriotes de la paroisse de Redon que vous aimâtes et qui vous aiment encore ; l'interprète aussi de mes confrères et de vos anciens vicaires, et de vous dire au nom de tous : *Ad multos annos!!!* »

Après ces paroles, une voix d'enfant s'est élevée : c'était un petit neveu, parlant au nom de la famille qui unissait ses souhaits à ceux de la ville et du clergé.

Inutile de dire que ces toasts ont été couverts d'unanimes applaudissements. Quant au vénéré pasteur, il était trop ému pour faire autre chose que remercier.

4 heures du soir.

Les vêpres solennelles devaient avoir lieu à 4 heures. Un peu auparavant, le ciel s'étant éclairci permit de faire la procession que la pluie avait empêchée le matin.

En tête venaient les enfants de la Providence et de l'ouvroir, puis la musique municipale, le clergé de la paroisse et des environs, enfin le vénérable curé escorté des membres de la fabrique et des principales autorités.

Le parcours s'est effectué par les rues Notre-Dame, Garangeot, Poterie et Petite-Notre-Dame ; partout des guirlandes et des oriflammes, des bannières et des arcs de triomphe ; partout le même recueillement religieux et sympathique ; c'était la vénération et la reconnaissance pour le pasteur objet de la fête ; c'était l'excellent peuple de Vitré avec sa foi et son dévouement inaltérables à l'Eglise et à ses ministres.

8 heures du soir.

Le soir à 8 heures, nouvelle et dernière réunion à l'église Notre-Dame pour le salut solennel et le chant du *Te Deum*.

Comme aux principaux offices du jour, l'église illuminée de mille feux, pouvait à peine contenir la multitude des fidèles.

C'était surtout la fête de la paroisse.

Au moment où M. le curé entrait au chœur, il recevait et on distribuait au peuple une cantate composée pour la circonstance, et l'orgue alternant ses mélodieuses variations avec les voix des enfants de la Providence et celles des fidèles, toute l'église retentissait de ce chant de joie et de prière :

A Marie, notre Patronne.

Notre-Dame, ô divine Mère,
A Jésus, présentez nos vœux :
Qu'il donne à notre Père
De longs jours sur la terre,
Sa gloire dans les cieux ! (bis).

Enfant, il vous connut : dès sa tendre jeunesse,
Au pied de vos autels il vint former son cœur.
O Mère, à votre tour, protégez sa vieillesse;
Gardez-le pour les siens dont il fait le bonheur.

Prêtre de Jésus-Christ, durant cinquante années
Il redit vos grandeurs, chanta votre bonté ;
Laissez-le parmi-nous, ces fêtes écoulées.
Oui, laissez-le longtemps, en sa verte santé.

La maison du Seigneur, par ses soins embellie,
Le voit avec amour présider à nos chants,
De nos rites sacrés inspirer l'harmonie :
Ah ! qu'il demeure encor ici bas de longs ans !

L'orphelin le bénit ; le pauvre, en sa misère,
Lui demande secours pour apaiser sa faim ;
Des pauvres du bon Dieu recevez la prière :
« Longue vie au pasteur qui nous donne du pain ! »

O Vierge Immaculée et mille fois bénie,
Ajoutez à ces dons un don plus précieux :
Faites qu'après le cours d'une pieuse vie,
Et pasteur et troupeau soient unis dans les cieux!

Le salut solennel du Saint-Sacrement avec l'hymne d'actions de grâce, au son joyeux des cloches, vint terminer une journée si pleine de douces et saintes joies.

M. le curé, surpris et de plus en plus touché de toutes ces marques d'affectueuse vénération, remercia une dernière fois ses paroissiens de tous ces témoignages, en en reportant à Dieu la gloire et l'honneur et en appelant sur ce peuple si dévoué et si chrétien les meilleures bénédictions du ciel.

BIBLIOTHÈQUE NATIONALE RF IMPRIMÉS

TABLE

BIBLIOTHÈQUE NATIONALE
R.F.
IMPRIMÉS.

www.ingramcontent.com/pod-product-compliance
Ingram Content Group UK Ltd.
Pitfield, Milton Keynes, MK11 3LW, UK
UKHW022118190726
13855UKWH00003B/939

9 782013 021869